ユニットケアの哲学と実践

【編著】
大橋 謙策
公益財団法人テクノエイド協会理事長

秋葉 都子
一般社団法人日本ユニットケア推進センターセンター長／専務理事

【監修】
一般社団法人日本ユニットケア推進センター

日本医療企画

はじめに

　本書は、一般社団法人日本ユニットケア推進センターが普及、推進しようとしている『ユニットケア』の考え方、哲学を介護現場の実践課題に即して明らかにしようとして企画されたものである。

　それは、単にサービス利用者の居住空間としての個室を確保、提供するという"ユニット型"空間でのサービス提供とは異なるものである。『ユニットケア』の考え方は、一言で言えば、「個人の尊厳を旨とした個別ケア」であり、それは限りなくサービス利用者の本人の意思に基づいた個別ケアを実現することにある。したがって、その居住する空間、場所は、制度上は介護施設であっても、"社会福祉施設"という認識ではなく、従来住んでいた住宅から、介護サービスを利用し、自分らしい生活できる空間への転居であり、新たな自分の"住宅"への転居という認識で対応されている。

　日本の社会福祉制度、とりわけ高齢者福祉は「家制度」と儒教の影響を受け、家族介護を陰に陽に期待してきた。「介護の社会化」が叫ばれて制度化された介護保険制度が発足して以降も、その考え方は色濃く影を落とし、"家族が世話をするのは当たり前"、それができないなら"施設入所も止むを得ない"が、施設が提供するサービスの善悪は言わずに甘んじて受け入れるという状況が続いてきた。

　更には、戦後日本の社会福祉制度は、憲法25条の"健康で文化的な最低限度の生活"を保障するという規定が、プラスにも、マイナスにも働き、提供される福祉サービスはどちらかといえば"最低生活"の保障になってしまっていた。しかも、福祉サービスを利用するに当たっては行政が福祉サービスの必要性を認定し、サービス利用を決定するという「措置行政」により行われてきたこともあり、ややもすると行政や行政から委託された社会福祉法人が"看てあげる"という"上から目線"になりがちで、サービスを必要としている人の自らの意思、思い、願いは"封殺"されて、サービス利用者は提供されたサービスを甘んじて受け入れるという諦めの状況も生み出されてきていた。

　編者は、1960年代から、社会福祉は憲法25条だけを法源とするのではなく、憲法25条の国民の権利としての社会権的生存権としてのセーフティネットの重要性を十分に踏まえつつ、他方、憲法13条の幸福追求権をも法源とし、それに基づく自己実現を図る福祉サービスを考えるべきであると考え、主張し、実践もしてきた。

　編者は、1960年代から、障害者の学習・文化・レクリエーションの実践や高齢者の社会参加、生きがい増進に寄与する"老人大学"に関する研究、政策提言を行ってきた。また、在宅福祉サービスの整備に当たっては、自己実現サービスという考え方を重視し、理美容サービス、仲間との交流活動、情報提供・コミュニケーションサービス、文化活

動・趣味活動支援、旅行支援等のサービスの重要性を指摘し、それらサービスの利活用の機会を提供するべきであると主張してきた。地域での自立生活支援を考えるとそのような考え方は当然だと思われるものの、入所型施設においては必ずしもそれは受け入れられてこなかった。それは、高齢者福祉サービスの中軸を成していた特別養護老人ホーム等では、制度の制約、財政的、空間的な制約があったからでもあるが、福祉サービスをどう考えるのかという哲学、認識の問題もあり、そのような考え方は必ずしも十分に展開されてこなかった。

　日本の高齢者福祉サービスの考え方、提供の仕方に大きな転機をもたらしたのは、2003年にユニット型施設建設補助制度が導入され、「特別養護老人ホームの設備及び運営に関する基準」が改訂されたことが大きい。

　これを契機に各都道府県行政の委託に基づき「ユニットリーダー」の養成研修が始まり、ユニットケアの普及・推進が行われることになる。そこでは、厚生労働省が示す指針に基づき「ユニットリーダー」が養成されていくが、それは空間の保障と空間に規制されたサービス提供システムの運営に関するものが中心で、『ユニットケア』の考え方、哲学については十分に触れられていない。

　そんな折、編者は岩手県大船渡市に昭和51（1976）年に開設された富美岡荘の山崎シゲの哲学、実践が書かれている『富美岡荘物語――すべては愛から始まった』（中央法規、2004年、佐藤眞一監修）を読み、感銘を受ける。そのエキスは、①看取りを尊重できることが究極のケア、ケアの根源、②食べる喜び、食べたいと思う心を尊重するケア、③不安に寄り添い、和らげるケア、④生きることを喜び合えるケア等の実践に触れ、『ユニットケア』はまさにこういうことを具現化させようとしているのではないか。だとすれば、『ユニットケア』を具体化させるマニュアルも大事であるが、その哲学、考え方を介護現場の課題に即して、かつ実践に基づいて書いた本が、『ユニットケア』の普及・推進には必要ではないかと考え、この本の出版を企画した。

　更には、一般社団法人日本ユニットケア推進センターの実地研修施設を訪問するたびに、介護職員、生活相談員、看護師、管理栄養士等に"３Ｋ職場と言われるが、仕事はどうですか？"と聞くと、皆さん異口同音に"仕事は楽しい、やりがいがある"と応えてくれ、かつ実際問題として巷間言われているような離職率ではなく、いたって離職率は低い。これは、アメリカの哲学者であるミルトン・メイヤロフが『ケアの本質――生きる事の意味』（ゆみる出版、1987年）の中で述べていることを体現している実践ではないかと思えた。

　ミルトン・メイヤロフは"一人の人格をケアするとは、最も深い意味で、その人が成長すること、自己実現することをたすけることである"（P13）、"ケアとは、ケアをす

る人、ケアをされる人に生じる変化とともに成長発展をとげる関係を指しているのである"（P185）、"ケアすることは、…世界の中にあって、「自分の落ち着き場所にいる」のである。他の人をケアすることをとおして、他の人々に役立つ事によって、その人は自身の生の真の意味を生きているのである"（P15）と指摘しているが、『ユニットケア』を実践している実地研修施設はまさにそれを実践しており、"ケアとは、職員も成長し、輝く"ことが出来るという介護の喜びを表明してくれている。"介護現場は決して3K職場ではない"という事実を世に広めたくて本書の出版を企画した。

　これからの介護現場は、福祉機器、介護ロボットの導入により大きく変わるであろうし、ITを活用しての介護の記録化が進み、ITによる「ケアの科学化」か急速に進むことになる。そうであればある程、従来、様々な制約の下に"諦めて"いた「個別ケア」がより推進されることになる。改めて、「個別ケア」とは何を保障していくことなのかを、本書で紹介する『ユニットケア』の哲学と実践を読んで考えて頂ければ幸いである。

　編者は、『ユニットケア』の考え方が普及することが、日本の"3K職場"と言われる介護現場を改善することにつながると考えている。また、『ユニットケア』こそが憲法13条に基づく要介護者の死ぬまで自己実現を目指すケアだと考えている。

　本書により、日本の介護現場に『ユニットケア』の哲学が普及することを心より願っている。

　最後に、介護現場の忙しい日々の中、実践を踏まえて、慣れない文章を書いて頂いた実地研修施設の方々、並びにその実践に関わるコメント、エッセイを頂いた「ユニットケア研究委員会」の学識の先生方に心よりお礼を申し上げる次第である。

2019年8月

編集者を代表して

大橋　謙策

目次

はじめに …………………………………………………………………………………… i

序論

新しいケアの哲学
─介護福祉の哲学、文化を問い直す

大橋 謙策

1 憲法第13条に基づく「ケア」観の創造 …………………………………………… 2

2 ユニット型ケアシステムの位置と考え方─ユニット型ケアへの2つのベクトル … 5

3 空間的ユニット型ケアから個別ケアの徹底化した「ユニットケア」へ ………… 12

4 「ユニットケア」におけるアセスメントの重要性とケアの考え方 ……………… 14

5 アセスメントおよびケアプランを行う際の本人の意思確認の重要性 ………… 17

6 ICFの視点で福祉機器を活用した個別ケアと「ケアの科学化」 ……………… 19

7 顔なじみの親密圏ケアとナラティブアプローチ ………………………………… 21

第 1 章

相互に成長し合い、
頼って生きることを喜び合えるケア
──「寝たきり老人」もボランティア──

社会福祉法人 グレイスまいづる
特別養護老人ホーム グレイスヴィルまいづる

淡路 由紀子

1 喜び合うとは ………………………………………………………………………… 24

2 「ケアする人」と「ケアされる人」の関係性 …………………………………… 24

3 Oさんとの5泊6日の外泊支援 …………………………………………………… 24

4 入居者と職員が「喜び合えるケア」 ……………………………………………… 26

5 「寝たきり老人」もボランティア ………………………………………………… 27

施設訪問レポート …………………………………………………………………… 28

「ケアする人」と「ケアを受ける人」の枠を取り去り、
人と人との対等な関係をつくる"とつとつダンス"
コメンテーター：斉藤 弥生

第 2 章

自己覚知ができない不安に寄り添い、和らげるケア

社会福祉法人 十日町福祉会
ケアセンター三好園しんざ
松村 実

1 環境の重要性―リロケーションダメージ― ……………………………… 32

2 環境とは ……………………………………………………………………… 33

3 なじみの関係 ………………………………………………………………… 33

4 今までの暮らしと同じ生活リズムを尊重する ……………………………… 34

5 寄り添い和らげるケア ……………………………………………………… 34

6 リロケーションダメージを軽減するためのケア …………………………… 34

7 当施設の環境づくり ………………………………………………………… 35

8 なじみの関係を構築するために …………………………………………… 35

9 24Hシートの活用 …………………………………………………………… 36

10 最後に ………………………………………………………………………… 36

施設訪問レポート …………………………………………………………… 37

入居者の方言も生活の一部として捉え、大切にするユニットケア
コメンテーター：小野 幸子

第 3 章

相談されたらイヤとは言わないケアの開発と実践

社会福祉法人 カトリック京都司教区カリタス会
特別養護老人ホーム 神の園
齊藤 裕三

1 ユニットケアで求められるケアのパラダイム転換 ………………………… 42

2 保護事業・措置制度における高齢者ケア ………………………………… 42

3 ユニット型特別養護老人ホームの登場と「尊厳の保持」………………… 42

4 「相談されたらイヤとは言わないケア」のもつ意味 ……………………… 43

5 神の園で取り組んだ24Hシートの導入とケアのパラダイム転換 ………… 43

6 ユニットケアへの移行期 …………………………………………………… 44

7 24Hシートの導入とケアのパラダイム転換に向けた取り組み …………… 44

v

8 成果と課題 ·· 46

施設訪問レポート ·································· 47
神の園のこれまでの歩みと「相談されたらイヤとは言わないケア」の本質
コメンテーター：斉藤 弥生

第4章

食べる喜び、食べたいと思う心を尊重するケア
──胃ろう・経管栄養に頼らないケア、食文化の大切さ──

社会福祉法人 蠶神奈川県同胞援護会
シルバータウン相模原特別養護老人ホーム
金子 智代美

1 「食」の重要性 ···································· 52

2 食事はおいしくなければ、栄養にならない ····· 52

3 おいしいと思える食事の提供に必要なこと ····· 53

4 事例1 ·· 54

5 事例2 ·· 55

6 事例3 ·· 56

7 事例4 ·· 56

8 まとめ ·· 57

施設訪問レポート ·································· 58
「食」の文化、生活における「食」の位置を重視したユニットケアを推進
コメンテーター：大橋 謙策

第5章

本人の意向確認、意思表明の保障こそがケアの原点

社会福祉法人 こまくさ福祉会
特別養護老人ホーム 白駒の森
澤田 キヌ子

1 「本人の意向確認、意思表明の保障」を重視する意味（背景にある考え方）········ 64

2 「重度コミュニケーションの保障」のための実践的方法と運営論 ·················· 65

3 事例 ·· 70

4 実践を通しての課題 ……………………………………………………………… 72

施設訪問レポート ………………………………………………………………… 73
高齢者の特性を踏まえた根拠のあるケア技術の開発とその成果
コメンテーター：小野 幸子

第 **6** 章

看取りを尊重できることが究極のケア、ケアの根源
—「死に方支援」のソーシャルケア—

社会福祉法人 久義会
特別養護老人ホーム 高秀苑
田中 智子

1 看取り介護に取り組んだきっかけ ……………………………………………… 78

2 施設で看取りをするための課題と準備 ………………………………………… 78

3 当施設での初の看取り …………………………………………………………… 80

4 看取り介護は、究極の個別ケアの実践 ………………………………………… 81

施設訪問レポート ………………………………………………………………… 82
今日の家族形態における「看取り」の形と究極の個別ケアの提供・実践
コメンテーター：大橋 謙策

第 **7** 章

「居心地のよい」「他者と交流できる」生活空間の保証

社会福祉法人 櫟会
特別養護老人ホーム くぬぎ苑
三木 康史

1 施設内の４つの領域における暮らしの展開 …………………………………… 88

2 施設に入居する高齢者を理解する ……………………………………………… 89

3 プライベートスペース（居室） ………………………………………………… 89

4 セミプライベートスペース（リビング・共同生活室） ……………………… 89

5 セミパブリックスペース ………………………………………………………… 90

6 パブリックスペース ……………………………………………………………… 91

vii

7 おわりに ……………………………………………………………… 92

施設訪問レポート ……………………………………………………… 93
４つの空間領域の意識と環境づくり
コメンテーター：石井　敏

第 **8** 章

ケアの言語化、データ化によるケアの科学化、見える化

社会福祉法人 桐仁会
特別養護老人ホーム ちょうふ花園
梅津　鋼

1 これまでの高齢者ケアがもたらす弊害 ……………………………… 98
2 「尊厳」と「自律」を保障するケアの実現 …………………………… 98
3 24Hシートの活用とその効果 ………………………………………… 100
4 事例 …………………………………………………………………… 100
5 まとめ ………………………………………………………………… 102

施設訪問レポート ……………………………………………………… 103
静かな時間とゆったりとした時間が流れる小宇宙
コメンテーター：井上 由起子

第 **9** 章

福祉機器の活用による個人の尊厳を守るケア

社会福祉法人 伯耆の国
特別養護老人ホーム ゆうらく
山野 良夫

1 福祉機器・介護ロボットを活用する意義 …………………………… 108
2 実践方法と運営 ……………………………………………………… 109
3 実践結果から得た新たな知見 ………………………………………… 110
4 課題と解決策 ………………………………………………………… 111
5 今後の展望と新たな挑戦 …………………………………………… 112

施設訪問レポート ……………………………………………………… 114

福祉用具やIT化の導入による「豊かな暮らし」の実現
コメンテーター：野口 典子

第 **10** 章

職員が人間として成長し、輝くケア
──「3K」職場の払拭──

社会福祉法人 寿光会
特別養護老人ホーム 天恵荘
亀井 道信

1 介護人材不足 ……………………………………………………………… 118

2 介護人材の確保、育成 …………………………………………………… 118

3 介護という仕事 …………………………………………………………… 120

4 介護を通じての人間的成長 ……………………………………………… 121

施設訪問レポート ………………………………………………………… 123
現場への権限の委譲による、離職者を出さない職場の実現
コメンテーター：野口 典子

第 **11** 章

地域を愛し、地域の一員として愛されるケア

社会福祉法人 青山会
特別養護老人ホーム くわのみ荘
跡部 尚子

1 公益事業展開に必要な2つのポイント …………………………………… 128

2 法人理念の共有と事業存続のための仕組みづくり ……………………… 128

3 おもちゃ図書館の設置 …………………………………………………… 129

4 終活カレッジの立ち上げと花道ノートの作成 …………………………… 130

施設訪問レポート ………………………………………………………… 132
これからの特養は、「何か特別な処」から「当たり前の住まい」に
コメンテーター：野口 典子

第 **12** 章

「老い」を尊重し、「老い」に礼を尽くし、「老い」に学ぶ
──弁証法的に発展する「個別ケア」の深化とナラティブ（物語）アプローチ──

社会福祉法人 杜の里福祉会
特別養護老人ホーム 一重の里
山﨑 和彦

1 山崎シゲのケアの哲学に学び、「ケアの科学化」を図る「個別ケア」……………136

2 「個別ケア」を大切にし、かつ「個別ケア」に囚われない
"全人"的ケアへの弁証法的発展 ………………………………137

3 "全人的"ケアを可能にする生活空間の保証と考え方 ………………………139

4 「個別ケア」を基盤にしつつ、仲間と喜び合えるケアの保障を求めて …………140

施設訪問レポート ……………………………………141

「すべては"願い"と"愛"から始まる。」という理念が浸透した施設づくりにみるケアの本質
コメンテーター：石井　敏

あとがき ………………………………………………145

序論

新しいケアの哲学
──介護福祉の哲学、文化を問い直す

大橋 謙策

1 憲法第13条に基づく「ケア」観の創造

　日本の高齢者介護の領域は、2000（平成12）年、介護保険法により、株式会社や NPO法人等が介護保険サービス提供事業者として認められ、多様な介護保険サービス事業者が参入できるようになり、その分野における事業の経営のあり方やサービス提供の考え方、ケアの考え方も大きく変わりつつある。しかしながら、その変容はいまだ十分とは言えない。それはある意味、戦後日本の社会福祉がもっている考え方、哲学の残滓を引きずっているといっても過言ではない。

　人をケアする営みは、人間の進化の中で取り組まれてきた機能であるが、その営みは普通、人間関係が自然発生的に濃厚に生じる家族、親類、あるいは生活を共同体的に成り立たせている近隣という親密圏域の中で行われてきた。その親密圏域におけるケア、助け合いの機能が何らかの事由により脆弱化したり、成り立たなくなったとき、それを代替する機能が社会的に求められる。例えば、生活困窮に陥っている、あるいは日常生活の自立ができないという事態が生じ、それが家族等の親密圏域で解決できないとき、「ケアの社会化」という社会福祉としての営みが制度的につくられ、展開される。

　社会福祉の歴史において、「ケアの社会化」がどのような思想、哲学で行われるかは大きな課題である。それは宗教家により行われる場合もあれば、生活に余裕のある富裕層により慈善として行われる場合もある。しかしながら、少なくとも、近代国家という国民の参政権が認識され、国家が国民の生活を守る関係が成立して以降においては、「ケアの社会化」がどのような思想・哲学に基づいて行われるのかが問われることになる。

　「ケアの社会化」が進む要因は多様である。第1にはケアを必要とする人がその時代において多数となり、時の為政者にとって看過できない状況、もしくは社会統合の必要性から進めるもの、第2には労働力の確保が社会発展の鍵と考え、そのことにかかわって推進させること、第3には住民自身の生活防衛的立場から生活協同組合的に推進されること、第4には新たな社会思想、哲学に基づき推進されることが挙げられる。これらの要因は、相互にかかわりながら、時の政治力学に左右されて、実際の「ケアの社会化」は推進される。

　ところで、人間にとって自然に働きかけ、自らの糊口を癒す糧を得る労働は、人間を成長させる上で大きな役割を担っており、かつ生計を維持する上で欠かせない営みである。また、その労働を管理し、生産力を高め、社会・国家を富ませることは為政者にとって最重要な課題である。「ケアの社会化」を進める思想の最大の要因は、この労働力をいかに確保し、いかに生産性を上げるかという課題から来るものであった。

　イギリスで1834年に改正された新救貧法は、「劣等処遇の原則」を打ち立て、社会的

なケアである救貧制度のサービスを受ける者は、自ら生計を維持して生活している最低の労働者の生活を上回らない水準のサービスを受けることになるという、一種の"見せしめ"的生活を強い、救貧制度を利用することへの抑制と低賃金労働力の確保を思想とした。

「ケアの社会化」を労働力との関わりで考えようとする思想は、資本主義社会においては常に問われてきた命題であると言うことができる。日本でも、1900年にフランスのパリで行われた「万国慈善会議」に出席した内務省の井上友一が列強諸国の救貧制度を学び、1909年（明治42年）に上梓した『救済制度要義』で提示した"風化行政"は実質的にイギリスの新救貧制度につながる思想を普及させる役割を果たした。

井上友一は"救貧よりも防貧、防貧よりも教化、教化よりも風化"という考え方の下で、中央報徳会を全国津々浦々に組織化し、二宮尊徳の教えを流布させ、期待される人間像としての勤倹貯蓄、隣保相扶、至誠を説く風紀善導の実践を推進する。結果として、日本人は"エコノミックアニマル"と揶揄される程、労働生産性中心の社会哲学がつくられていく。そこでは、「社会化されたケア」を受けることは、"非国民"であり、"人間失格"との文化を歴史的につくりあげた。このような社会観、国民観、文化観は、社会福祉行政のあり方やケアの目的をも歪めることになる。

このような労働観・生活観を結果として推進させた役割を担うことになったのが大河内一男である。大河内一男は1938（昭和13）年に「我が国の社会事業の現状及び将来」と題する論文を書き、労働力をどう豊かに確保するのかが社会政策の課題であり、社会事業はその"補充"、"代替"であると位置づけた。社会事業という救済制度としての社会の制度は、常に労働力政策の補完であり、下部機能でしかないという位置づけとなり、現在でも社会的に経済の余剰が生まれたら、社会福祉を充実させるという社会哲学が支持を受けることになる。

戦後も一貫して、社会福祉行政における「自立論」は経済的自立を指向してきた。身体障害者も知的障害者も、精神障害者も時の産業構造に馴染まない、あるいははじき出されてきたにもかかわらず、そこで求められる「ケア」の目的は経済的自立を求める"就労支援"である。

したがって、戦後憲法第25条で、"健康で文化的な最低限度の生活の保障"が国民の権利として位置づけられたというものの、それは"あくまで最低限度の生活の保障"であり、行政からの"してあげる"目線になりがちであった。

このような、日本の社会福祉行政における伝統的な「ケア」観、社会福祉観に対して、違う視点で問題提起をした思想がある。

その一つが権田保之助である。権田保之助は1931（昭和6）年に『民衆娯楽論』を上

梓し、「娯楽は生活の余力より発生するものである、娯楽発生の条件は生活余剰である
とする見解は逆であって、人間は生活余剰と関係なく娯楽を追求するものであり、…そ
れは生活創造の根底である」と位置づけている。そして、権田保之助は余暇善用論のよ
うな"娯楽の他目的活用"をいましめ、娯楽は"生活美化の欲求"としての人間の本然
的欲求であると考えた。この考え方は、オランダのヨハン・ホイジンガーが1938年に書
いた『ホモ・ルーデンス─人類文化と遊戯』（日本語訳では・ホモ・ルーデンスを遊戯
人と訳す）よりも早く、人間の自己表出の喜び、自己実現の方法について示した考え方
である。

　よく看護や介護の領域で使われるアブラハム・H・マズローの欲求段階説は、基礎的
欲求が満たされた後に安全の欲求、その後帰属の欲求、承認欲求があり、最後に自己実
現の欲求が表出するという、低次段階の欲求から高次段階への欲求へと階層性を有して
いるとの説であるが、アブラハム・H・マズローの著書を『完全なる人間・魂のめざす
もの』として翻訳した上田吉一は、その本の「訳者あとがき」の中で「現実の欲求が階
層組織を厳密に形作っているかどうかということ、また低次段階の欲求満足が自動的に
高次段階に上昇するものかどうかについては、なおも疑問や批判の残るところである」
と指摘している[1]。

　このマズローの欲求段階説もケアを考える上で大きな問題となる人間像を示している。
つまり、低次段階の欲求が十分確保できない人間は自己実現の欲求を持てない、あるい
はその欲求を表出できないことになるわけで、二重の意味で人間の捉え方を誤っている
と言わざるを得ない。障害を有していて他人の"ケア"を受ける人においても、認知症
の高齢者においても、人間としての尊厳が保たれ、人間として評価される権利と欲求は
あるし、自己表出、自己実現の欲求をもっている。また、自らが帰属する、自分が落ち
着く空間、居場所を求めていることも明らかである。

　このように考えると、これからの社会福祉観、「ケア」観は、憲法第25条に基づく"最
低限度の生活の保障"という歴史的に獲得されてきた社会権的生存権保障のみならず、
もっと積極的な意味合いをもたせて憲法第13条に基づく自己実現を図る「ケア」観に転
換されていかなければならない。

　とりわけ、入所型施設では、かつて1970年代ころまで、福祉サービスを必要としてい
る人を"収容"し、"保護"するという用語が使われてきていただけに、意識して憲法
第13条に基づく自己実現を助けるケアという考え方への転換が求められる。

　憲法第13条に基づく自己実現を図るケアとは、アメリカの哲学者であるミルトン・メ
イヤロフが『ケアの本質──生きる事の意味』の中で述べている「一人の人格をケアす
るとは、最も深い意味で、その人が成長すること、自己実現することをたすけること

新しいケアの哲学─介護福祉の哲学、文化を問い直す ● 序論

ある」[2]、「ケアとは、ケアをする人、ケアをされる人に生じる変化とともに成長発展を
とげる関係を指しているのである」[3]、「ケアすることは、…世界の中にあって、「自分
の落ち着き場所にいる」のである。他の人をケアすることをとおし、他の人々に役立つ
事によって、その人は自身の生の真の意味を生きているのである」[4]と指摘している
ことと同じである。

2 ユニット型ケアシステムの位置と考え方─ユニット型ケアへの2つのベクトル

　ユニット型施設におけるケアサービスの提供は、2002（平成14）年に従来の多床型特
別養護老人ホーム（以下、特養）とは別途にユニット型施設への建設補助金の交付が開
始されたことにより始まるが、ユニット型というプライバシーを保護する空間を保障す
ることで、それが従来のケアのどこを変えなければならないのか、入所型施設でのケア
はどうあるべきであるかを改めて問う機会となり、高齢者福祉サービスの全体の体系の
あり方とその中でのユニット型ケアの理念、位置づけが改めて問われることになった。

　ユニット型特養の制度上の考え方は、「特別養護老人ホームの設備及び運営に関する
基準」に規定があり、その第33条で、基本方針として「ユニット型特別養護老人ホーム
は、入居者一人一人の意思及び人格を尊重し、入居者へのサービスの提供に関する計画
に基づき、…入居前の居宅における生活と入居後の生活が連続したものとなるよう配慮
しながら、ユニットにおいて入居者が相互に社会的関係を築き、自律的な日常生活を営
むことを支援しなければならない」と崇高な理念が掲げられている。と同時に、その第
2項で、「ユニット型特別養護老人ホームは、地域や家庭との結び付きを重視した運営
を行い、市町村、老人の福祉を増進することを目的とする事業を行う者その他の保健医
療サービス又は福祉サービスを提供する者との密接な連携に努めなければならない」と
も規定し、ユニット型特養が実質的に市町村における高齢者介護分野のリーダー的役割、
保健医療福祉サービス関係者のコーディネーター的役割を担うということを期待してい
る。

　制度上の理念や役割期待は、サービス利用者の介護の重度化、あるいは認知症の重度
化が急速に進んでいることや、介護職員の人員配置基準、あるいは空間的制約、さらに
は介護職員のケア能力やマネジメント能力等の要因にかかわり、必ずしも制度上の理念
や役割が具現化しているとは言えない。しかしながら、この理念や役割期待のもつ意味
は大きく、今後の日本の高齢者分野におけるケアの考え方、サービス提供の考え方を左
右するものと言えるし、ひいては児童分野や障害分野におけるサービス提供のあり方に
も大きく影響を与えるものとも言える。ある意味、この考え方が、憲法第13条の自己実

現を図るケアと言える。

　ユニット型施設におけるケアサービスの提供の考え方、位置づけを考える場合に2つのベクトルがある。

　第1のベクトルは、従来の多床型特養を基盤として、そこからの発想、アプローチによる考え方、位置づけのベクトルである。

　従来の特養でのサービスのメリット、デメリットを勘案し、サービス利用者個人の尊厳、人間性を尊重する空間での、個人に合わせたケアマネジメントによるサービスの提供という位置から考えるベクトルである。それはユニット型ケアシステムの制度が始まるまでに、すでに数多くの多床型特養が設置され、重要な役割を担っている状況の中でのアプローチであるから、どうしても発想が“白紙に絵を描く”というわけにはいかず、従来の多床型特養におけるサービス提供の有り様に引きずられ、ユニット型ケアシステムは多床型特養でのサービスの“空間的分散化”という考えで、ユニット型施設におけるケアサービスの提供のあり方を考えがちになる。

　第2のベクトルは、高齢化社会がますます進み、同時に家族の介護力や地域での支援力が脆弱になりつつある状況の中で、家族介護を諦めてすぐに要介護高齢者を多床型特養へ入所させるのではなく、自分たち家族や地域の支援力をぎりぎりまで尊重、活用しつつ、それに少し手を貸して欲しいというレベルでの介護サービスや生活支援、終末期等における家庭機能を社会化する在宅福祉サービスの有機的、総合的提供の“象徴”としてのユニット型施設におけるケアサービスへの期待である。それは、ユニット型施設におけるケアサービスを“地域住民の共同利用施設、地域生活支援の拠点施設”と位置づける理念である。

　筆者は、1978年に「施設の社会化と福祉実践─老人福祉施設を中心に─」という論文を発表している[5]。その論文は、①「施設の社会化」論の2つの系譜、②施設の社会化と地域化、③入所者の生活圏拡大と地域化・自立化、④地域住民の共同利用施設という社会資源としての老人福祉施設、⑤老人福祉施設の地域配置と住民参加という5つの柱から構成され、入所型老人福祉施設でのサービス提供、ケアのあり方を論述している。

　この論文執筆の背景には、国民の生活を守っていくためには、金銭的給付だけではなく、さまざまな対人援助サービスが地域の属性、状況が異なることを踏まえて地方自治体毎に整備されていく必要があり、社会福祉施設は地域住民の共同利用施設としての機能をもつ必要があるのではないかと考えたからである。

　1970（昭和45）年以降急速に特養が増設されてきたが、それは直接的には厚生省（当時）による1971（昭和46）年から始まる「社会福祉施設緊急整備5カ年計画」等の政策誘導があったからである。そこには急激な都市化、核家族化、工業化の進展により、家

新しいケアの哲学―介護福祉の哲学、文化を問い直す ● 序論

族の介護力、地域の支援力が脆弱化したという背景があったからであり、家族介護の限界や地域での自立生活支援が限界になった際の選択肢を入所型施設である特養に託したからである。

　1971（昭和46）年には「コミュニティ形成と社会福祉」という中央社会福祉審議会の答申も出されていて、他の選択肢がなかったわけではないという中での選択であった。そこでは家族介護か、入所型施設でのサービス利用かという二者択一とならざるを得なかった。結果として、入所型施設で提供されるサービスはサービス利用者の尊厳を踏まえ、かつ家族の気持ちも尊重して、家族が安心して、地域住民が参加、共同して利用できる施設でのサービス提供ではなく、行政が福祉サービスを必要としている人を措置し、"収容"して"保護"することを基底にした施設であり、措置行政として"健康で文化的な最低限度の生活を保障する"画一的で、集団的なサービス提供が行われることになった。

　入所型施設で提供しているサービスのあり方を改めて考えるために、提供されているサービスを分節化し、構造化したのが図1である。

　入所型施設でのサービスとそのサービス提供のあり方は6つのサービス・処遇（栄養的処遇、空間的処遇、精神的処遇、経済的処遇、身辺自立的処遇、医療的処遇）に分節

図1　入所型施設ケアの分節化と構造化

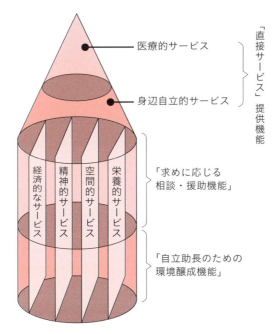

出典：大橋謙策「施設の社会化と福祉実践―老人福祉施設を中心に―」『社会福祉学』第19号、日本社会福祉学会、1978年を一部改変

7

化、構造化できる（当時は処遇という用語を使用したが、現在的にサービスへと変更）。

入所型福祉施設では、その各々の分節化した機能を十全に発揮するために多くの専門職が施設内で多職種連携等を意識せず、組織体の一員としての立場から仕事をしている。例えば、栄養的サービス分野では管理栄養士が、医療的管理・バイタルチェックでは看護師が、身辺自立的支援では介護福祉士が、経済的処遇の分野では生活相談員としての社会福祉士がという具合に、本人達は専門職としての自覚と多職連携という意識よりも組織の一員という当たり前の認識で、組織としてのサービス提供を自動的に、総合的に行っている。

しかし、問題なのは入所型施設ではそれらのサービスがすべての人に自明のように、パッケージ化されて、画一的に提供されがちであり、サービス利用者個々人の状態や希望等を十分反映させていないところが問題ではないかということをその論文では指摘した。

かつ、その論文では入所型施設でのサービス提供のあり方は、サービス利用者の個々の状態を考えるならばサービス提供のあり方も構造化できるのではないかと考えた。

第1のレベルは、住宅や空間の保障、バリアフリーの生活環境等の「自立助長のための環境醸成」機能である。生活しやすい環境醸成をしておきさえすれば十分自立生活を送ることができる人もいる。当時としては養護老人ホームなどを想定していた。

第2のレベルは、必要なときに、また緊急なときに「求めに応ずる相談・援助」機能があれば安心して暮らせる人がいるということである。常に直接的な対応をする必要がなく、専門職がつくった生活プログラムを日常的には遂行しているが、何か困ったときに、入所型施設の宿直職員のように、相談・援助をしてくれる人、機能の存在が身近なところに、拠り所としてあると助かるという領域である。

第3のレベルは、常時「身辺自立的サービス」や「医療的サービス」を必要としている人もいる場合である。これらの方々も自らの意思や意見を明確に表明できないとしても、その方々が示す「快・不快」の反応、表情はあるわけで、それらを読み取り、尊重しながら直接的ケアをしていくことが重要となる。

このように、入所型施設で提供しているサービス提供を構造化させれば、入所型施設サービス利用者すべての人に同じサービスを画一的に、集団的に提供する必要はない。

しかも、これら分節化されたサービスは何も1か所で集約的に提供することはなく、それを地域に分散的に整備すれば家族の介護機能が脆弱になっても、本人がそれらのサービスを利用して在宅生活を送れるのではないかと考えた。在宅で利用できるように在宅福祉サービスを整備し、必要なときに相談し、支援を受けられるシステムを地域に構築すれば、家族から離れ、地域からも離れて特養に必ずしも入所しなくてもいいのでは

図2 在宅福祉サービスの構造

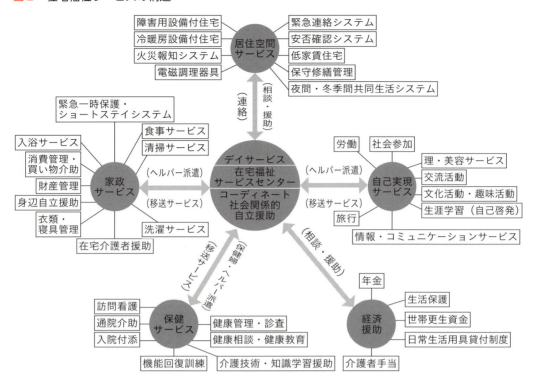

出典：大橋謙策著「社会福祉思想・法理念にみるレクリエーションの位置」『日本社会社会事業大学研究紀要』第34集、1987年

ないかと考えたのが、図2の在宅生活自立援助ネットワークである[6]。このように入所型施設で提供されている福祉サービスを分節化させて市町村に在宅福祉サービスとして整備すれば、多くの人が入所型施設に入所する必要はない。

　そのためには、福祉サービスを必要としている人の状態像や本人が求めていること、職員が専門的にサービス提供が必要と考えた判断（アセスメント）を基に、個別に必要なサービスを組み合わせてパッケージ化して提供すること（当時、いまだ今日的なケアマネジメントという用語は使われていなかった）が重要になる。それらの機能を担うのが「在宅福祉サービスセンター」である。その機能の中核は住民の求めと専門職による判断を踏まえて必要なサービスをコーディネートすることであり、かつ在宅福祉サービスを必要としている人、家族を地域で孤立させず社会関係的自立を支援することである。

　これらのことを通してケアの考え方、ケアの提供のあり方を見直すべきではないかと問題提起をしてきた。

　その際に重要なのは、福祉サービスはサービス利用者がもつ「快・不快」の感情や喜び、遊びを大切にしつつ、本人の幸福追求権、自己実現を図ることが重要であり、それ

らを提供する際には個々人の状況に見合って「求めと必要と合意」に基づいてサービスをパッケージ化させることの重要性も提起した。

とすれば、地域自立生活支援を標榜している今日において重要な役割を担っている在宅福祉サービスは入所型施設が歴史的に果たしてきた役割や実践と無関係に存在するものでもなく、かつ入所型施設と在宅福祉サービスとを二律背反的に位置づける必要もなく（1970〈昭和45〉年頃大きな論争があった）、在宅福祉サービスは入所型施設が提供しているサービスの地域的分散と地域住民による主体的選択により成り立つ入所型施設福祉サービスの発展形態であると考えられる。

このような入所型施設福祉サービスと在宅福祉サービスとの歴史的展開を踏まえると、在宅福祉サービスと施設福祉サービスとは対立的ではなく、家庭・家族——訪問型在宅福祉サービス——通所型在宅福祉サービス——短期入所型・小規模入所型施設福祉サービス——長期入所型施設福祉サービスとが、連続線上に並び、必要に応じて利用者が組み合わせ、利用できるようになるのが望ましいと考えてきた。

ユニット型ケアは、いわば在宅福祉サービスと長期入所型施設福祉サービスとの結節点に位置し、限りなく地域での本人の生活の延長として、かつ家族の希望を限りなく受け止め、家族が頼れる、安心できる共同利用施設としての位置と理念を有しているのではないかと考えられる。「特別養護老人ホームの整備及び運営に関する基準」はそれらのことを理念として示したのではないか。

在宅の高齢者はややもすると孤独になりがちであり、日常生活上のさまざまな生活のしづらさを抱えているし、ゴミ出しは在宅では日常生活上欠かせない機能である。

まして、単身高齢者が高齢者の中で13％を超えており、かつ家族への介護期待ができない状況の中では、多かれ少なかれ家族介護を前提にした在宅福祉サービスと従来型の入所型施設との結節点としてのユニット型ケアの位置は重要だし、その位置は大きな意味をもっている。

ところで、多床型特養では自分と同じような生活課題を抱えたサービス利用者もいれば、職員もおり、かつボランティアも訪れるので外見的な寂しさはないし、社会的交流もそれなりにできる。また、特養ではゴミ出しの心配もしなくて済むし、日常の食事の買い物の心配もない。さらには、特養には看護師がいてバイタルチェックもしてくれる。そのように、特養にはいろいろなサービスもあり、在宅に比べてメリットもたくさんありながら、サービス提供が時間管理、スケジュール的で、画一的、集団的で、かつややもするとプライバシーも守れないというデメリットが今まで指摘されてきた。

この両者のメリット、デメリットを踏まえて展開できる可能性をもっているのがユニット型ケアと言える。したがって、そこでは多床型特養の延長上にユニット型ケアサー

ビスのあり方を考えるのではなく、本人の尊厳、意思を尊重し、家庭や家族の願いの延長上のサービスのあり方を考え、かつ多床型特養でのサービスのメリット面を加味したケアサービスのあり方が考えられる必要がある。

　中でも、家庭で家族が常時介護するのでは、家族の介護疲弊は激しくなりがちとなる。かといって入所型施設に任せきりも嫌だという家族の思いを受け止め、家族ができるときに、サービス利用者が求める家族介護ができるようなケアやサービス提供のあり方が今後深められる必要がある。そのいわば象徴ともいえるものが「看取り」である。在宅での「看取り」は狭小等の住宅事情もあり容易ではないが、かといってスパゲティ症候群（たくさんの管や電線などをからだに取りつけられた状態）とも言われる、延命治療的な病院での「看取り」も好まない家族の希望に応えられることも、ユニット型ケアが入所型施設福祉サービスと在宅福祉サービスとの結節点としての象徴であるといっても過言ではない。

　このようなサービス提供のあり方は、医療と介護の連携の必要性を指摘した「2025年問題」に向けての地域包括ケアシステムの構築を考える上で重要となる。地域包括ケアシステムは、先に入所型施設サービスを分節化したものを改めて市町村というレベルで日常生活圏域毎にシステム化させることである。そこでは、入所型施設のようにサービ

図3　地域包括ケアとコミュニティソーシャルワーク

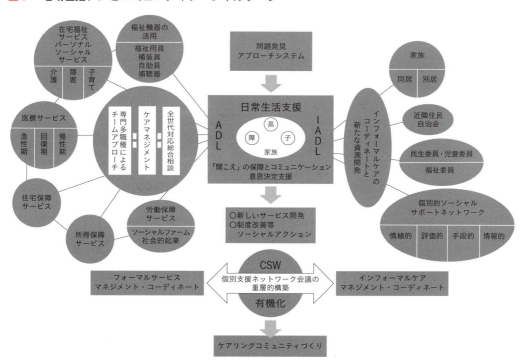

2014年10月大橋謙策作成

スや機能があらかじめ同一場所に、組織として一体化させられていないので、改めてサービスを必要としている人々、家族の状況を踏まえて個別支援レベルでも、機関のシステムとしてもコーディネートされて提供される必要がある。

しかも、在宅生活を支援するためには専門職の連携、システムだけでは不十分で、近隣住民やボランティアによるソーシャルサポートネットワークも地域自立生活支援には必要となる。そのような地域自立生活支援とその支援システムを図示したのが図3である。制度化されたサービスのマネジメント機能と住民のインフォーマルケアのコーディネート機能の2つの機能を統合化すると同時に、潜在化しがちな問題の発見、地域で孤立しがちな問題を抱えている人を支援するための個別ネットワーク会議等を総合的に展開するコミュニティソーシャルワーク機能が今後、地域包括ケアには不可欠になる。

このような理念、機能を日常生活圏域での拠点として役割を担えるように期待したのが先の「基準」で示されたユニット型ケアの、理念ではないか。それを達成するにはいろいろな条件の不備もあり、単純に言えない部分があるとしても、ユニット型ケアが家族介護の思いを受けとめ、家族介護の限界を補完し、多床型特養のデメリットを是正して、新たな高齢者介護の地平を切り開く結節点になっていかなければならない。

そのことは家族の働く場が多様化・広域化し、時には海外勤務もあるという状況は、従来の「遠距離」介護の比ではない程の事態である。家族機能も脆弱化し、かつ急速に単身者化時代になってきていることを考えると、新たな発想に基づくケアの考え方とケアのシステム化が考えられなければならない時代になってきている。

3 空間的ユニット型ケアから個別ケアの徹底化した「ユニットケア」へ

前項で述べたように、多床型の特養から、制度的にはプライバシー空間を守れるユニット型特養への転換が図られてきたが、そのことは必ずしも憲法第13条に基づく自己実現を図る個別ケアが徹底化されたというわけではない。

日本ユニットケア推進センターでは、単に「空間的ユニット型ケア」と区別するために、あえて「ユニットケア」という用語を使用している。日本ユニットケア推進センターが考える「ユニットケア」の考え方とは、少なくとも以下に述べる要件が意識された実践を提供していることが肝要であり、重要である。

新しいケアの哲学—介護福祉の哲学、文化を問い直す ● 序論

「ユニットケア」の概念

1. 「ユニットケア」とは、単なる個室を提供する「ユニット型」のケアではない。

2. 「ユニットケア」とは、サービスを必要としている人の意思の確認・尊重を大前提として、限りなく「個別ケア」を徹底させる実践である。

3. そのために、自宅から引っ越し入居する人の生活リズム、行動様式を入居後も継続できるように、その人の日常の生活リズム、行動様式を24時間シートに表し、関係者がそれを共有化できるアセスメントを行う。したがって、食事時間、排泄対応、入浴時間などは本人の好みを踏まえた個別対応とし、ケアする側の都合での"スケジュール"的対応はしない。

4. 「ユニットケア」は、個室が確保されるユニット型なので、限りなく利用者の家具調度も含めて生活空間は利用者の好み、嗜好、従前の生活スタイルを尊重、反映させた使用に供することを原則とする。

5. 「ユニットケア」はケアの本質を"良好な人間関係の構築"と考えるので、"流れ作業的なケア"をしないために、かつ利用者と職員との良好な対人関係を維持するために、ユニットごとに職員を固定配置させ、ゆとりある、居心地のよい、良好な人間関係が保てることを原則とする。

6. 「ユニットケア」は、各ユニットの個性、特色を発揮できるように、ユニット毎にサービス利用者と職員たちの裁量で使える費用を支弁し、ユニット毎に特色あるインテリア、サービスを職員の企画力、やる気によって展開できるようにしている。

7. 「ユニットケア」は、セミパブリック、パブリックという生活空間を大切にし、多くの家族、ボランティアとの交流ができるようにすることを原則としている。

8. 「ユニットケア」は、利用者個人の食事の好み、嗜好を大切にし、できる限りそのニーズに応える食事サービスを提供することを原則とする。（おやつの中味もできうる限り手作りで、季節感を反映させたものにしている。）

9. 「ユニットケア」は、自分の住宅である個室での生活なので、「看取り」も本人と家族が望む限りにおいて自分の個室で対応するとともに、死後の対応も行う。

10. 「ユニットケア」は、居住者が地域社会の一員として暮らせるように、かつ地域住民の共同利用施設としての位置づけもして、家族はもとより、地域住民やボランティアとの交流と相談を大切にする。

（大橋謙策・秋葉都子作成）

「ユニットケア」におけるアセスメントの重要性とケアの考え方

　日本の社会福祉におけるケアや自立生活の捉え方はやや狭隘すぎた。日本の社会福祉は先に述べたように、社会政策の補充、代替という位置づけを1930年代からされてきた影響で、社会福祉における自立は経済活動に参加して、自らの生計を成り立たせるという経済的自立を目的にしがちであった。それではこの世に生まれてきた生きとし生けるものの幸福追求、自己実現という考え方は脆弱にならざるを得ない。

　それらの影響の結果と言えるのがケアの考え方で、人間尊重、個人の尊厳を実現するケアというよりも、福祉サービスを利用している人の生命の保持（呼吸することの保障）のための食事介助、排泄介助であり、そのための生活環境を整然に保つという点に力点が置かれる「医学モデル」に基づいた"最低限度の生活の保障"になりがちであった。福祉サービスを必要としている人の生きる喜び、生きる意欲、生きる希望を引き出し、支えるという「社会生活モデル」といえる視点は弱かったと言わざるを得ない。結果的に入所型施設では福祉サービス利用者のADL（日常動作能力）が重要なアセスメントの視点となっていた。

　しかしながら、入所型施設サービスにおいても、先に述べたようにサービスを分節化、構造化させる発想で、精神的・文化的サービスや空間的環境における支援というものの考え方や位置づけがもっと意識化されなければならない。にもかかわらず、入所型施設という組織体としてサービスを提供するという前提の下ではパッケージ化されたサービスを提供するのが原則で、個別ケアは意識化されず、その視点、考え方は埋没しがちであった。

　ところで、施設での福祉サービスの対極と考えられがちな地域での自立生活支援を考えた場合、入所型施設での生活とそこで求められるアセスメントとは全くといっていいほどアセスメントの視点と項目は異なってくる。

　地域での自立生活支援のあり方は、入所型施設のように、全国的に決められている施設最低基準に基づき、限られた空間において、単身者として24時間365日、職員の管理的見守り体制の下でサービスの提供を受けるのとは異なり、住まいの状況、住宅地の地域環境、同居家族の有無、近隣住民によるソーシャルサポートネットワークの有無等、一人ひとりの条件がすべて異なると言って過言ではない。

　したがって、地域自立生活支援においては、入所型施設のようなあらかじめ組織体としてのサービスがパッケージ化されていて、それに合うようにサービス利用者を誘導、ケアの提供をするサービス提供のマニュアルがあるわけでもない。一人ひとりのおかれている状況、サービス利用者一人ひとりの生活文化、行動様式、願いが異なるわけで、

新しいケアの哲学—介護福祉の哲学、文化を問い直す ● 序論

それを踏まえたアセスメントが重要になり、入所型施設以上に個別アセスメントが必要であり、重要にならざるを得ない。

しかも、入所型施設においてはADLを軸にしたアセスメントが基軸に考えられがちであったが、地域自立生活支援では、ADLはもとより、買い物の能力、料理の能力、生活管理の能力、ゴミ出し能力等のIADL（手段的日常生活動作）が大切な意味をもつ。さらには、近隣住民や友人との交流の頻度や社会活動への参加状況なども重要なアセスメントの項目となる。

このように考えると、ユニットケアのあり方は先に述べた「特別養護老人ホームの設備及び運営に関する基準」の規定にもあるように "入居前の居宅における生活と入居後の生活が連続したものとなるよう" 配慮しなければならないことから、ユニット型ケアではアセスメントの視点と項目が多床型の特養以上に多面的にアセスメントを行う必要がある。

それは、先に述べたユニット型ケアの位置づけに関する2つのベクトルも考えて、ユニット型ケアにおけるアセスメントの視点と項目は、多床型特養で採用されているアセスメントの視点と項目の外延ではなく、地域自立生活支援で求められるアセスメントの視点と項目の外延でなければならない。

ところで地域での自立生活支援という場合、日本の社会福祉が長らく、とらわれていた経済的自立への支援や心身に障害を有する人の身体的自立を支援し、結果としてその人が社会経済活動に参加して経済的自立を図るという支援では対応できない。

社会福祉法や介護保険法の理念、あるいはユニット型ケアの運営の基本方針を考えても、今や福祉サービス利用者の個人の尊厳、人間性の尊重がうたわれている。今求められている自立生活支援とはサービスを必要としている人の願い、思い、希望、生き方等のその人のナラティブ（物語）を最大限に尊重する。その上で、人間としての尊厳に関わる6つの自立の要件（①労働的・経済的自立、②精神的・文化的自立、③人間関係的・社会関係的自立、④身体的・健康的自立、⑤生活技術的・家政管理的自立、⑥政治的・契約的自立）を十分踏まえて支援することが大切である。また、これらの6つの自立の要件が何らかの事由によって欠損しているか、不十分であるか、停滞しているかをアセスメントすることが重要となる。

その際大事なことは、先に述べた福祉サービス提供を構造化した図の考え方である。すべて、よかれと思ってケアを提供することは、かえってサービス利用者のケアサービスへの依存度を高めてしまい、結果として利用者の自立を妨げることにもなりかねない。福祉サービスを必要としている人が、何ができて、何ができないのかを、アセスメントしてケアを提供しなければならない。その際に考えなければならないことは、その人の

15

生きる意欲、生きる希望との関係である。何でもしてもらうのが"楽"だと考えるのか、自分自身で何かに取り組もうと意欲的なのかによって状況は変わる。

戦前の日本において、社会事業には積極性と消極性の2側面があると考えられ、その両者の関係をどう考えるのが問われていた。物資的・金銭的給付やサービス給付は、いわば消極的社会事業で、その人の生きる意欲、生きる希望を引き出し、支え、それが実現できるように支援することが積極的社会事業であると考えられた。

戦後の社会福祉はこの積極的社会事業の側面を忘れ、物資的・金銭的給付やサービス給付をすれば問題は解決すると考えがちであったが、重要なことは生活者である福祉サービス利用者自身がどうしたいかを考えることであり、その側面のアセスメントが重要になる。

日本では稲作農耕を歴史的背景として、「物言わぬ農民」、「世間体」、「寄らば大樹の陰」、「出る杭は打たれる」といった、人前で自分の思い、意見を表明することができない、しにくい文化が今なおある。まして、使ったこともない福祉サービスの良し悪し等は素人である一般住民にはわからないわけで、本人からの申し出がないから対応しないということでは本来のケアにはならない。それらのことを意識しないアセスメントは本当に福祉サービスを必要としている人のニーズを把握できたといえるのだろうか。

しかも、従来のアセスメントはWHO（世界保健機関）が1980年に定めたICIDH（国際障害分類）により、医学的にADLに影響を与える心身機能の障害の診断を基に考えられがちであった。しかしながら、WHOは2001年に心身に機能障害があっても環境因子を変えれば多くの能力を発揮でき、自立生活が可能になるというICF（国際生活機能分類）という考え方を打ち出した。

人間の特性とは何かということについては古来から論議されてきたが、その特性の一つに"道具を使うこと"がある。介護ロボット、福祉機器の開発、実用化は急速に進んできており、これら介護ロボット、福祉機器を活用することは、それを利用したいという福祉サービス利用者自身の意欲や主体性が問われるわけで、これからのアセスメントではそれらICFの視点に基づき福祉機器を活用して生活を向上させるということも重要な位置を占めてくる。介護ロボット、福祉機器の活用は、介護者の腰痛予防や省力化にも効果をもたらすが、それ以上にサービス利用者の生きる意欲とその機器を使うという主体性が本人の回復、QOLを増大させることが期待される。

その際に重要なことは本人の意思をどう理解、把握するかということである。ややもすると、日本の社会福祉実践現場では専門職の視点と戦後の措置行政で培われてきた目線とが合体し、上から目線で"サービスを提供してあげる"ということになりがちである。

新しいケアの哲学─介護福祉の哲学、文化を問い直す ● 序論

5 アセスメントおよびケアプランを行う際の本人の意思確認の重要性

　イギリスのJ.ブラッドショウが1970年代に整理した社会ニーズ論には、①表明された
ニーズ、②不満、不安として感得されているニーズ、③専門家が必要と判断したニーズ、
④社会的に認証され、制度化されているニーズの4つの種類がある。筆者は、日本的な
"もの言わぬ農民"体質、世間体文化等の生活文化の下では第2の不満、不安として感
得されているニーズをどう理解するかが重要であり、かつその基底にある「快・不快」
の感情をきちんとわきまえることが重要であるとも述べてきた。

　その上で、筆者はソーシャルワーク、ケアワークにおいては、サービスを必要としてい
る本人がしたいと思うことと専門職がサービス提供上必要と判断したことの両者を出
し合い、検討する中で両者の合意を図ることが重要であると考え、「求めと必要と合意」
に基づく支援の在り方を提唱してきた。なぜ、専門職が必要とする判断が位置づけられ
たかと言えば、サービスを必要としている人はそもそもどういう福祉サービスがあるか
についての認識がない場合も多く、かつそれらのサービスを活用したら自分の生活がど
のように変容、向上するのかについてのイメージを持てない、いわゆる"食わず嫌い"
の状況で自分の"思い"を述べていることが多い。そのため、そこにおける専門職のパ
ターナリズムやサービス利用者の自己決定への"丸投げ"状態を排した上で、専門職の
あるべき関与のあり方を示したかったからである。

　サービス利用者の意思確認の必要性は、2000（平成12）年の民法改正で成年後見制度
が導入され、財産管理においての意思確認は進んできているし、それに付随して身上保
護という領域へもその考え方は外延されてきている。他方、1999（平成11）年から社会
福祉協議会で権利擁護としての日常生活自立支援事業も展開されてきている。

　他方、「障害者権利条約」の批准や「障害者差別解消法」の制定により、障害者支援
の領域においても福祉サービス利用や地域生活支援において、個人の尊厳、人間性の尊
重の象徴としての本人の意思確認の重要性が認識されはじめている。

　このような政策動向が推進されているが、どこか我々の中に、「ケアの社会化」にお
いて最後は家族、親族に頼っているところが垣間見える。家族、親族をほとんど当てに
できない単身高齢者、親亡き後の障害者の地域自立生活を支援していくためには、従来
の枠組みとは異なる自立生活支援における本人の意思確認のあり方、福祉サービスをは
じめとした各種サービス利用における本人の意思確認のあり方を理念的に定着させる営
みと同時にそれらを担保できるシステムを身近な市町村圏域で構築していくことが求め
られている。

　図4「生活の主体性を支える意思確認・決定支援の構造」は、生活支援における意思

17

確認のことを図式化したものであるが、商業ベースの契約代行やサービス利用契約代行ではなく、行政が関与しての、安心で安全な社会的システムの構築が求められているのではないか。

イギリスでは、2005年に『意思決定能力法（The Mental Capacity Act）』を制定し、福祉サービスを必要としている人の個人の尊厳を護るために、"本人の意思確認"の重要性を明文化させた。

それによると、①知的障害者、精神障害者、認知症を有する高齢者、高次脳機能障害を負った人々を問わず、すべての人には判断能力があるとする「判断能力存在の推定」原則を出発としている。日本の成年後見制度とは異なり、イギリスの「意思決定能力法」は、②他者の意思決定に関与する人々の権限について定める法律ではなく、意思決定に困難を有する人々の支援のされ方について定める法律である。③そこでいう「意思決定」とは、（イ）自分の置かれた状況を客観的に認識して意思決定を行う必要性を理解し、（ロ）そうした状況に関連する情報を理解、保持、比較、活用して（ハ）何をどうしたいか、どうすべきかについて、自分の意思を決めることを意味する。したがって、結果としての「決定」ではなく、「決定するという行為」そのものが着目される。意思決定を他者の支援を借りながらの「支援された意思決定」の概念である。④更に、この法律は本人の「ベスト・インタレスト」原則に基づいており、その「ベスト・インタレスト」とは（ⅰ）本人の年齢や外見、状態、ふるまいによって判断が左右されてはならない、（ⅱ）本人が自ら意思決定に参加し主体的に関与することを許し、また、そうできるような環境をできる限り整えなければならない、（ⅲ）本人の過去及び現在の希望、心情、信念や価値観、その他本人が大切にしている事柄を考慮に入れて判断しなければならな

図4　生活の主体性を支える意思確認・決定支援の構造

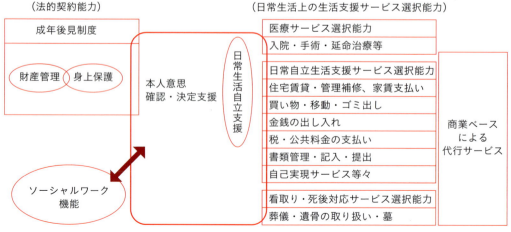

2018年10月大橋謙策作成

い、（ⅳ）本人が相談者として指名した者、本人の世話をしたり、本人の福祉に関心を持ってきた人々、任意後見人、法定後見人等の見解を考慮に入れて判断しなければならないと規定している[7]。

　日本でも、今後かような法律が制定され、障害者や高齢者が地域自立生活支援において、あるいは福祉サービス利用において、ケアの哲学・思想として、個別ケアの原点は本人の意思確認であり、その尊重であるということが明文化される必要があるだろう。

　それらの哲学、思想を実践的に切り開いていくのが、一般社団法人日本ユニットケア推進センターが進める「ユニットケア」であり、それが実践されているのが同法人の実地研修施設ということである。

6 ICFの視点で福祉機器を活用した個別ケアと「ケアの科学化」

　日本のケアの考え方は、憲法第25条に基づく"最低限度の生活の保障"であり、かつ本人が"できないことを探し、かゆい所に手が届くようにお世話してあげることが人間的である"という、一見"真逆な"考え方が同居して展開されてきており、科学的に分析して、適切な対応をとるという視点に欠けていた部分があったといっても過言ではないであろう。

　人力によるベッドから車いすへの移乗や入浴の際における人力介助をよしとしてきたが、そこでは皮膚が劣化し、薄くなっている高齢者に表皮剥離等の擦傷を起こさせ、一種の"虐待"ともいえる状況が散見されていた。

　人力による対応のほうが早いとか、サービス利用者が福祉機器を怖がるなどと言われ、日本の介護現場では、なかなか福祉機器の利活用が進展していない。

　他方、日本の福祉現場では憲法第25条の考え方と無意識のうちにつながっている1980年のICIDH（国際障害分類）に基づく支援、ケアの考え方が長らく主流を占めてきた。

　WHO（世界保健機関）が1980年に提唱したICIDHは、心身機能に障害があるかどうかを医学的に診断し、その心身障害が能力不全をもたらし、結果として社会的不利となり、社会生活上不利益が生じるのでケア、支援を行ってあげるという図式で政策が展開されてきたといえる。

　しかしながら、筆者が1960年代から言い続けている憲法第13条に基づき、本人が望む生活、自己実現を図るという視点から考えれば、できないと思って本人が諦めていたことも、生活の環境の整備や福祉機器の活用によって可能になるかも知れないし、新しい生活の仕方をしたいという生きる意欲も醸成されるかもしれない。

　WHOは、2001年にICF（国際生活機能分類）という新たな考え方を提唱した。そこ

では、その人の心身機能の障害もさることながら、生活環境を改善することにより、心身機能の障害がもたらしていた能力不全や社会生活上の不利を改善できる可能性があるという環境因子の重要性に注目した。

事実、多様な福祉機器、とりわけ介護ロボットといわれる機器を活用できれば、福祉サービスを必要としている人の生活改善は格段に改善できることが明らかになってきている。

福祉機器、介護ロボットの利活用としては、以下のような効果が期待できる。

①福祉サービスを必要としている人の生活の質（QOL）を高めることができる
②従来できないと思われていたことができるようになる
③福祉サービスを必要としている人の生活圏域を拡大し、社会交流を多面的に保障できる
④介護従事者の腰痛予防や利用者とのコミュニケーションを取るための時間と質が向上し、結果として労働安全、労働衛生上多大の効果が見込まれる。そこでは "3K職場" と言われてきた職場環境が変わり、介護従事者の生き甲斐、よろこびをも引き出すことができる
⑤従来、介護従事者の "経験則" に頼っていたものが、福祉機器を活用してケアの記録化をていねいにすることによって「ケアの科学化」も進む

また、IoT（物のインターネット：Internet of Things）を活用して、福祉サービスを必要としている人のコミュニケーションが図られ、かつ他人の手をわずらわせることなく、自らの生活環境を自ら望むようにコントロールできる。

あるいは、リフトを活用しての入浴やトイレ介助、車いすへの移乗、あるいは車いすシーティングを徹底させたモジュール型の車いすの使用により、利用者の嚥下能力の改善にもつながるなど、介護従事者の労働安全、労働衛生の向上と共にサービス利用者のQOLの向上にも貢献できる。

さらには、介護ロボットの活用によって、その人の排泄の状況にも対応できるし、サービス利用者のナースコールにも適切に対応できるようになり、結果として介護の省力化、合理化、生産性の向上につながる。

また、ITの利用によって、ケアの記録が容易になり、介護スタッフ間の情報の共有化がスムーズになり、申し送り事項、時間の簡略化にもつながっている。それは、ひるがえってケアが "属人的経験則" でなく、標準的に提供されることになる。ITに記録された情報は、サービス利用者の時々刻々に変化する状況に適切に対応するケアのあり方を明らかにする力もある。

このように、急速に進展してきている福祉機器、介護ロボットの利活用は、福祉サービスを必要としている人の生活を一変させる力を有しており、その活用が個別ケアには不可欠の時代になってきている。

しかしながら、福祉機器、介護ロボットの利活用には、入所施設等の生活空間の問題やその利活用に関する介護従事者等の知識、技術の習得の問題、あるいは購入やレンタ

ルに関わる費用を施設を経営している社会福祉法人等が実際的に負担せざるを得ないことなど、大きな課題が山積していることも事実である。とはいえ、問題・課題はあるものの、これからのケアのあり方は福祉機器、介護ロボットの利活用を抜きにしては語れない時代になっていることも事実である。

7 顔なじみの親密圏ケアとナラティブアプローチ

　人間はなぜ、ケアという営みをするのであろうか。昨今、人間にとってケアという行為をどう位置づけ、考えるのかということが、社会福祉や介護福祉の分野ではなく、関連する心理学、看護学、教育学、社会学等の学問分野で大いに論議されている。

　その一つである動物行動学の分野において、フランス・ドゥ・ヴァールは『共感の時代へ──動物行動学が教えてくれること』（柴田裕之訳、紀伊国屋書店、2010年）等で、ケアを「親密圏」と「公共圏」に分けて説明している。親、兄弟、親族等の生活を基本的に共にする“親密圏”のケアは、動物進化の過程でDNA的にも自然発生的に行うが、そのケアの関係が距離的・空間的にも離れることに伴い、ケアという営みの成立が難しいことを述べている。このケアのとらえ方・考え方を、我々は自然的に、かつ感覚的に理解している。

　これは、介護現場においても大いに使える考え方である。つまり、多床型ホームでは、サービスを受ける人数も多ければ、逆にサービスを提供する側の人数も多く、サービス利用者と職員との関係は“馴染み”が濃厚にならず、ある意味、機能的にサービスが提供される。それは距離的には“親密圏”ではあるが、心理的には事実上“公共圏”のケアになっている。

　しかしながら、ユニットケアでは、1ユニットに配置される職員をできる限り固定配置することにより、入居者と“馴染み”の関係がつくられ、実質的に“親密圏”でのケアが人為的、かつ社会的につくられている。“親密圏”でのケアは人間として当たり前にする行為のケアということになり、入居者と職員との関係は、より人間的になり、安定することになる。

　日本ユニットケア推進センターが展開する「個別ケア」は、サービスを必要としている人のケアを科学化するために、アセスメントをていねいに行い、それを機能的に提供することだけで「個別ケア」と言っているのではない。

　人間が進化の過程でDNA化させた“親密圏”のケアに限りなく近づくことができるように、入居者の生活単位と職員の介護する現場の単位をできる限り近づけ、親密圏のケアをつくり出そうという哲学、理念である。

21

とはいっても、一定の理念に基づき、それをすべての職員に共有化させようと思うと、たとえ、24Hシートを作成していたとしても結果として「形式」に流れ、機能的にサービスを提供すればいいということにもなりかねない。

　それを防ぐために、常に意識しなければならないことは、ナラティブ（物語）アプローチを重視することである。これは支援方針立案においても、日々の介護実践においても同様である。

　医学の世界では、診断と治療をより的確にするために、長らくエビデンス・ベースド・メディシン（EBM）が標榜されてきたが、今日では「物語診療所」という名称の診療所が開設されるほどに、エビデンスを大切にしつつも、その人の思い、希望、生活慣習等の成育歴も含めて治療を行うべきだとする考え方が、高齢者の慢性疾患が増える中で提唱されてきている。

　介護現場は、医療現場以上に、その人の生きる上での希望、生活行動様式、生活文化等のナラティブを大切にしてケアを考えていくべきである。

　日々の食事、生活のリズムはもとより、延命治療、看取りの在り方などについても限りなく本人の意思の確認が重要になる。そこでは、意思を表明しやすい雰囲気・生活環境が重要な意味をもつ。

　このようなことも考えて、サービスを必要としている側とサービスを提供する側とが、どのような"親密圏"でのケアを提供できるかがもっと考えられなければならない。そして、「個別ケア」を機能的に提供すれば、それで人間性の尊重、個人の尊厳が保たれたというわけではないことを、関係者は常に意識しておく必要がある。

●引用文献
1）アブラハム・H・マズロー著，上田吉一訳：完全なる人間―魂のめざすもの．誠信書房，1964.
2）ミルトン・メイヤロフ，田村真：ケアの本質―生きることの意味．ゆみる出版，p13，1987.
3）ミルトン・メイヤロフ，田村真：ケアの本質―生きることの意味．ゆみる出版，p185，1987.
4）ミルトン・メイヤロフ，田村真：ケアの本質―生きることの意味．ゆみる出版，p15，1987.
5）大橋謙策：施設の社会化と福祉実践―老人福祉施設を中心に―．日本社会福祉学会刊行，社会福祉学，№19，1978年9月所収.
6）大橋謙策：社会福祉思想・法理念にみるレクリエーションの位置．日本社会事業大学研究紀要，第34集，1987.
7）菅　富美枝：自己決定を支援する法制度　支援者を支援する法制度―イギリス2005年意思決定能力法からの示唆―．法政大学大原社会問題研究所雑誌．№822，2010年8月所収.

第 **1** 章

相互に成長し合い、頼って生きることを喜び合えるケア

――「寝たきり老人」もボランティア――

社会福祉法人 グレイスまいづる
特別養護老人ホーム グレイスヴィルまいづる
淡路 由紀子

● ケアの哲学と実践に向けた考え方 ●

1 喜び合うとは

　人が喜び合っている姿を想像してみる。例えば、大学入試の合格発表日に掲示板の前で喜び合っている親子。ワールドカップで優勝し歓喜に満ち溢れているサッカーチーム。どちらも喜び合っている…ように見える。

　親子のほうは、子は自らの努力が実ったことを、親はわが子が夢を叶えたこと、夢を叶える応援ができたことを喜んでいる。対して、サッカーチームのほうは、チーム一丸となって世界の頂点に立つという夢を叶え、互いの健闘を称えている。「喜び合う」とは、喜びの共有ではなく、一つの喜びを分かち合い、味わうことのように思う。

2 「ケアする人」と「ケアされる人」の関係性

　特別養護老人ホーム（以下、特養）は、まぎれもなく要介護高齢者への介護の現場である。職員と入居者の関係は、介護者と被介護者、「ケアする人」と「ケアされる人」である。ユニットでは、職員と一緒に配膳や片づけをする入居者もいるし、まさかお願いはできないが、ともに暮らす入居者を介助しようとする入居者もいる。こんな風に「ケアされる人」のなかにも能動的な入居者はいるが、「ケアする人」に入れ替わったりしない。

　特養には、さまざまな人の出入りもある。入居者の家族から「こんにちは」よりも先に「お世話になっています」と言葉をかけていただくことがあるように、在宅では介護者であった家族も、入居を契機に「ケアされる人」の側に含まれるようになる。

　では、ボランティアはどうだろうか。ボランティアは、貢献しようとする人たちであるから、こちらは「ケアする人」の側に含む。

　乱暴な分類かもしれないが、実際のところ、特養では、「ケアする人」と「ケアされる人」の関係が最も顕著である。ただし、だからといって特養では「ケアする人」「ケアされる人」と異なる関係性を築けない、築いてはいけない、ということではない。

● 実践レポート ●

3 〇さんとの5泊6日の外泊支援

　〇さん（女性）は、高校を卒業し地元の金融機関に勤めていた。20歳のある朝、目が覚めると身体の自由が全くきかなくなっていた。スモン病だった。車いす生活となった

相互に成長し合い、頼って生きることを喜び合えるケア ● 第1章

　Oさんは母親と妹夫婦とともに暮らしていた。外に出てボランティアをしたりする活発な人だった。やがて、高齢になった母親に介護が必要になったとき、Oさんは母のことを妹夫婦にお願いし、自分は4年と3か月、特別養護老人ホームグレイスヴィルまいづる（以下、グレイス）で暮らした。入居当時のOさんは、まだ上半身の姿勢を保ち、ようやく動く左手で特別仕様の電動車いすをそれは器用に操作して暮らしていた。けれど、入居から2年が過ぎた頃には人工透析が必要になり、最期は喉の奥で声を絞り出すこともできないほど身体の力が弱くなり、75歳で亡くなった。

　Oさんは、今思えば顔の筋肉も弱っておられたのだろう、いつも険しい表情に見えた。何となく近寄りがたい雰囲気があったが、自分の意思をはっきり言ってくれる人だったので、施設長としては、とてもお付き合いしやすい人だった。私とOさんは世間話をすることも度々あった。あるとき、私はこのOさんと6日間、まさに寝食をともにすることになった。

　グレイスでは、ダンサーで振付家の砂連尾理氏らを招いて入居者や職員、その他誰でも参加できる「とつとつダンスワークショップ」を開催している。Oさんは、砂連尾さんに誘われてワークショップに参加するようになった。しばらくして、このワークショップを題材にしたダンス公演を開催することが決まり、Oさんと砂連尾さんは、デュオとして東京で3日間の舞台にあがることになった。

　そこで、私と看護師がOさんに付き添い、24時間介助することになった。5泊6日の外泊支援である（とつとつダンスワークショップについては、『老人ホームで生まれた＜とつとつダンス＞ダンスのような介護のような』砂連尾理著／晶文社を参照）。

　東京でともに過ごした6日間にはいろいろなことがあった。Oさんには、いつも機械浴槽（臥位浴槽）で入浴してもらっていたので、東京滞在中は、客室に長い浴槽を備えたホテルを選んで宿泊した。

　Oさんは小柄な人だったから、私と看護師は2人で介助すればなんとかなると思っていた。ところがそばの便器が邪魔になって、Oさんを支えたり、抱えたりするが、どうしても湯船に浸かってもらうことができない。あげく、私は下着のまま、Oさんを背中から抱いて一緒に湯船に浸かった。人間ストレッチャーである。「適切な介護技術も何もあったものではない」と、ユニットの職員に叱られそうだ。ところが、この人間ストレッチャーは適当なクッションとリクライニング機能を兼ね備え、抜群の性能を発揮した。看護師と私はOさんに無事に入浴してもらえたことにかなり満足しきっと笑みさえ浮かべていた。が、一緒に湯船に浸かっている間、Oさんはずっと「申し訳ない申し訳ない」と繰り返していた。

　2度目の入浴のとき、どう考えても人間ストレッチャー以外に方法がなかったので、

25

私は最初に裸になり、Oさんの背中に自分の胸を当てて一緒に湯船に入った。それは、看護師がOさんの身体を洗い終え、新しい清潔な湯が2人の胸の当たりまで届き、なんとなく2人で浮力に身を任せていたときのことだった。Oさんは「あー、気持ち良い。けど、もっと肩まで！（浸かりたい）」と言うので、私は「はい、はい。こう？」と、溺れるかと思うほど後ろに倒れて、Oさんの肩を湯船に入れた。しばしの沈黙が流れ、私と看護師とOさんの3人は声を上げて大笑いした。

　ダンス公演は、観客のみならず公演を支えた関係者にも、驚きと強烈な印象を残して無事終了した。Oさんは、何かを背負ったり、気負ったりせずに、ただただダンスをしていた。けれど見ている人はそれぞれにさまざまなことを考えさせられた。

　東京で過ごす最後の夜、私たちはOさんの希望で東京スカイツリーを訪れた。間もなくクリスマスを迎える大都会の展望室はアベックだらけであった。私たちはそこに割り込んで、星屑をちりばめたような摩天楼の眺めを満喫し、一緒にグレイスに帰った。

4 入居者と職員が「喜び合えるケア」

　「ケアする人」と「ケアされる人」が喜び合っているように見えるとき、「ケアする人」は自分が役に立ったこと、「ケアされる人」はもしかすると「ケアする人」が喜んでいることを喜んでいるのかもしれない。特養に「ケアする人」「ケアされる人」の関係しかないとしたら、「喜び合えるケア」など存在しないのではないだろうか。

　ましてや、「頼って生きること」というのはさらに難しい。人は、この世に生まれた日から誰かに世話になってきたが、いつか自立せねばならぬと思って生きてきたのである。人に頼られることは確かに嬉しいが、頼られなくなったこともまた、誰かの自立や成長の証として嬉しいものである。そう考えると、頼らずに生きることより、頼って生きることは何倍も難しいことに思える。

　初めてOさんと入浴したとき、Oさんは「申し訳ない」を繰り返していた。それは、Oさんが「入浴介助される人」であり、私たちは「入浴介助する人」だったからではないか。2度目の時、私たちは思わず3人で笑った。このとき「ケアする人」と「ケアされる人」でありながら、それとは違う何か別の関係がそこには確かに存在していた。なぜなら、あの一瞬の出来事以後、外出支援は女子旅に変わり、私たちは東京スカイツリーからの眺めをともに楽しんだのだから。

相互に成長し合い、頼って生きることを喜び合えるケア ● 第1章

5 「寝たきり老人」もボランティア

　「寝たきり老人」は俗言かと思いきや、厚生労働省には、寝たきり度の判定基準「障害高齢者の日常生活自立度」という指標があって、介護を必要とする高齢者を「生活自立」「準寝たきり」「寝たきり」に分類する。1日の大半をベッド上で過ごし、排泄、食事、着替えなど、日常生活全般において介護を必要とする高齢者は「寝たきり」と判定する。特養に暮らす入居者は、ほぼ「寝たきり」であり、Oさんは立派な「寝たきり老人」であった。ここで注意すべきは「寝たきり」とは、その人の外見のことである。その人の外見を見て「ケアされる人」と決めているということである。

　最初に、Oさんのプロフィールを簡単に記したが、20歳で難病を患った彼女の生き様について、私たちが語ることなどできない。けれど、4年3か月をともに暮らした彼女は、最期の日まで、人に頼って生きようとした人ではなかった。自律とは、人に頼って何事かをなすということではない。介護を受け入れることと頼ることは別のことである。頼って生きることを喜び合えるのは、「能動」「受動」の区別のない、しいて言うなら「おたがいさま」の間柄にのみ成立するのではないか。

　グレイスを開設したばかりの頃、私も職員も、今よりももっと、毎日何かがある度にいちいち驚いて、慌てているような、それを楽しんでいるようなところがあった。毎日挨拶を交わす入居者から「おはようございます。はて？　どちら様でしたかね。私は貴女のことを知らないですが……」などと言われると、その度に驚き、困った気持ちになり、吹き出しそうになった。

　私たちは、専門施設、専門職の名のもとで、知らず知らずに「ケアする人」になって、「えっ？」「あれっ？」「なんで？」という答えの出ない問いや「とまどい」を隠すようになり、向き合っている入居者との前にある何とも言えない間に気づかないフリをして、入居者をただ「ケアされる人」にしてしまっていないだろうか。特養には、「ケアする人」と「ケアされる人」以外の関係性に出会うチャンスが目の前にごろごろ転がっている。

27

■ 施設訪問レポート ■

「ケアする人」と「ケアを受ける人」の枠を取り去り、人と人との対等な関係をつくる"とっとつダンス"

コメンテーター：**斉藤 弥生**
訪問：2018（平成30）年10月11日

■ カーリ・ウェルネスの『ケアという仕事の本質』

「『ケアする人』は自分が役割を果たせたことを喜ぶが、『ケアされる人』は『ケアする人』の喜ぶ姿を見て喜んでいるのかもしれない」。特別養護老人ホームグレイスヴィルまいづるの施設長である淡路由紀子さんの言葉は、1980年代にノルウェーの社会学者カーリ・ウェルネスが書いた『ケアという仕事の本質』（Omsorgsrationalitet）（1983）を思い出させる。『介護の本質』を巡る議論は、北欧の高齢者介護に大きな影響を与えた。

ウェルネスは著書のなかで、ケアの仕事が「ケアする人」と「ケアを受ける人」の相互関係のもとに成り立つことを述べている。スウェーデン、デンマーク、ノルウェーでは、ケアの仕事をオムソリ（omsorg）という。オムソリの語源は「痛みを分かち合うこと」である。

重要なことは、「ケアを受ける人」がケアを必要としていることであり、「ケアする人」は「ケアを受ける人」に愛情と尊重の意を持ち、その痛みを軽減したいと思う。一方、「ケアを受ける人」は感謝の意を持つだけでなく、「ケアする人」の達成感を見て嬉しく思う。ウェルネスはケアが「ケアする人」と「ケアを受ける人」の対等な相互関係の上に成り立つことを示し、掃除サービスや出前サービスとは異なるとした。

しかし、現代社会において、家庭内の育児や介護が外部化されるケアの社会化が進むなかで、「ケアする人」と「ケアを受ける人」の間に、ニード判定やアセスメント（例：要介護認定）、さまざまな規制（例：政府が決める介護のルール）、財政的な統制（例：介護報酬の引き下げ）などが介入し、ケアの実践においてケアという仕事の本質が見失われていく現象をケアのジレンマとして指摘した。

東京でのダンス公演のために、淡路施設長は看護師とともに、ダンサーとして出演する入居者Oさん（電動車いす利用）と、5泊6日の旅に出かけた。この女子旅のお風呂のシーンは、読むだけで思わずほほ笑んでしまう。淡路さんがホテルの浴槽で、"人間ストレッチャー"になって、Oさんと一緒にお風呂に入るシーンだが、2人で肩まで浸かろうとして溺れかかり、3人で爆笑となる。アベックばかりの東京スカイツリーで、女3人で夜景を眺める。本当はOさんを介護や介助をするために同行した淡路さんと看護師だが、「外出支援」はいつの間にか3人の女子旅になっていた。

これらの場面では「ケアする人」と「ケアされる人」の関係はどこかに行ってしまっ

ているというか、３人は対等である。「もっと湯舟浸かりたい」といったのはＯさんで、施設の生活で気遣いをして「申し訳ない」を繰り返していたＯさんの姿はそこにはない。分け隔てのない関係は明るく楽しい。しかし、施設で人間ストレッチャーをやるわけにはいかない、どうしても施設で働く人は「介護職員」としての立場に立つこととなる。

“とつとつダンス”―対等な関係に気づく作業

　グレイスヴィルまいづるで行う“とつとつダンス”と聞いて、初めは高齢者向けの健康体操の類と想像していたが、全く違っていた。パンフレットなどでは“とつとつダンス”はコンテンポラリーダンスと紹介されている。コンテンポラリーダンスとは、字義的には現代の舞踊すべてを指すが、一般には、バレエ、フラメンコ、ジャズダンスといった既成のジャンルに属さないものを指すのだそうである。

　前述のＯさんとプロダンサーの砂連尾理さんとの“とつとつダンス”のDVDでは、ダンサーの砂連尾さんの動きに電動車いすのＯさんがゆっくりと新たな動きを加えていく。舞台の上のＯさんは特養入居者ではなく、紛れもなくダンサーなのである。

　砂連尾さんは次のように語る。「認知症とかちょっと違う身体性をもつ人々にどう寄り添っていくか、コミュニケーションが容易でないからこそ生まれてくる身体的な関わりの豊かさを感じる。認知症の方にわかってもらえない、覚えていてもらえない、うまく言葉で意思疎通できないことをきっかけにして、世界はロゴス的な意味（＝語りうるもの）ばかりで満たされていないってことが、僕にはすごい拡がりをもって感じられた」と。

　グレイスヴィルまいづるでは、ダンス・ワークショップを行い、利用者が参加するだけでなく、これを職員研修の一環としている。ユニットでは介護職員である人たちも、この時間はそのことを忘れて、利用者と一緒に、「校長先生になりましょう」や「次はお医者さんに」といったダンスのお題に悩まされる。時間と空間を共有するなかで、入居者も職員も一緒にとまどいながらダンスに向き合う。

　“とつとつダンス”は、職員であること、認知症であること、要介護であることなど、日常生活の枠をすべて取り去る。人と人との対等な関係の場を経験することは、職員にとって語りうるものを超えたコミュニケーションに気づく感性を養う機会となっている。

　「『寝たきり老人は』は入居者の外見から『ケアする人』が決めている」と淡路施設長。ややもすれば、職員は入居者を要介護度で見てしまう。“田中さん”“佐藤さん”といった個人ではなく、“要介護１の認知症の入居者”となる。「舞鶴の財産と言われるようなケアの文化を創る一人でありたい」という淡路施設長のケアの本質を問い続ける姿に感銘を受けた。

● 施設・法人の概要 ●

住　　所：〒624-0806　京都府舞鶴市字布敷小字中島52－1

法人名：社会福祉法人　グレイスまいづる

施設名：特別養護老人ホーム　グレイスヴィルまいづる

ユニット数：8×10ユニット

利用形態：特養　短期　通所

利用者数：特養80名　短期20名　通所30名

開　　設：2005（平成17）年4月20日

施設長：淡路由紀子

1963年京都府八幡市生まれ。2003年に社会福祉法人グレイスまいづるの設立メンバーとなり20年余り勤めた舞鶴市を退職。2005年4月に京都府北部初、全室個室ユニット型の特別養護老人ホームとして開設されたグレイスヴィルまいづるの施設長に就任し、現在に至る。

連絡先：TEL　0773-75-7121

FAX　0773-78-3322

HP　http://gracemaizuru.jp

第2章

自己覚知ができない不安に
寄り添い、和らげるケア

社会福祉法人 十日町福祉会
ケアセンター三好園しんざ
松村　実

● ケアの哲学と実践に向けた考え方 ●

1 環境の重要性─リロケーションダメージ─

　環境が人に与える影響は大きい。人にとって環境が変化することはストレスの原因となる。例えば、出張で出かけたホテルのベッドでなかなか眠りにつけず辛い思いをしたことはないだろうか。「枕が変わると眠れない」という人は少なくない。不慣れな環境では精神的緊張感が高まり、眠り自体も浅くなることが多い。自分の家に帰り、普段寝ている布団でいつもの枕で眠りにつくと安心して熟睡できるものである。

　健康な人の場合、適度なストレスは仕事への緊張感や集中力を高め、物事を解決する力を高める良い影響を与えると言われている。もちろん、適度とはいえ人によってその程度は変わってくる。

　さて、加齢による心身機能の低下や認知症などによって要介護状態となった高齢者にとって環境の変化はどのように影響するであろうか。居場所が変わる、環境が変わることによって感じるストレスの度合いは大きく、さまざまな面に影響を及ぼす。

　「リロケーションダメージ」とは、空間の移動（環境の変化）により人が受けるダメージ（損害）のことである。故外山義先生は3つの苦難と5つの落差について著書『自宅でない在宅─高齢者の生活空間論』のなかで次のように述べている。

　特別養護老人ホームに入居した高齢者がそこで体験する家とは程遠い非日常的な空間や一斉に起床し広い食堂で大勢の人が一斉に食事をする。午前10時、午後3時はお茶の時間といった施設の日課で決められた時間や事柄、地域での年長者としての役割を喪失し介護される立場となって受ける言葉への違和感など、およそ今までの「暮らし」とは違う環境に高齢者は耐えなければならない。

　従来行われてきた集団的ケア、一斉一律のケアに対しての警鐘ともいえる著書である。
　普段自宅では認知症がさほど目立たない要介護高齢者がショートステイを利用した際、施設に来所した途端に自宅とは違う環境に違和感を覚え、表情がこわばり、落ち着きがなくなり、出入り口を探し始める。といった行動が見られる。こうした行動は、「ショートステイを利用している」という状況を理解する能力があったとしても、環境が変化したことによる本人へのダメージ（損害）が大きく現れたことを示している。
　認知症の症状が重度になれば、なおさらのこと環境の変化への適応が困難となり、自宅と異なった環境に精神的に混乱し始め、見当識障害が顕著になり、不穏興奮状態が始まり、大声を出したり、帰宅願望が始まり、落ち着きなく歩き回る、出口を探すといっ

たいわゆる周辺症状が顕著に現れるようになる。ショートステイこそ、ユニットケアの真価が問われる場面ともいえる。

2 環境とは

　さて、「環境」とは何を指すのだろうか。住む土地や地域はもちろん、建物や部屋、人の過ごす空間や壁、天井の作り、家具や家電製品、調度品などの設え。また、テーブルに敷いてあるテーブルクロスや草花を活けた花瓶など、細かなものを含めていわゆるハードを意味する。しかし、本章で論じる「環境」とは、建物や部屋などのハードに加え、その空間に流れる空気や風、草花の香りやそこに存在する人そのもの、その人が話す言葉も高齢者にとって大切な「環境」であることを含んでいる。

　言葉と言えば、「方言」も大切な「環境」の一部である。暮らしのなかで長く使ってきた言葉や方言、その土地独特の言い回しなどは、人にとって大切な「環境」である。つまり、大きく捉えれば、その土地独特の気候や風土、文化すべてが人にとって大切な「環境」であるといえる。

　したがって、特別養護老人ホームの建物やケアの在り方を考えるうえで、「環境の落差」「時間の落差」「言葉の落差」など、自宅との違いをいかに少なくするかが、要介護高齢者の「暮らし」を支援するうえで大切であり、なおかつ、その地域の文化や風土を取り入れていくことが大変重要となる。

3 なじみの関係

　家での暮らしでは、家族がいて、いつもの顔ぶれがそこにいる。当たり前のようではあるが、この当たり前のことに人は安心できるものである。来客や遠方からの親族の帰省などがあった場合は、家のなかに小さいながら変化が生じ、「いつも」とは違うことを感じる。人は普段の「なじみの関係」が一番安心できる。

　ユニットケアでは、生活単位と介護単位を同じにする理論がある。いわば同じ介護スタッフが同じユニットの入居者のケアにあたる。同じ人がそこにいることで「なじみの関係」を築くことができる。

　認知症ケアについて考えてみよう。入居者の周りにいる人、支えてくれる人が同じであることは暮らしを支えるために大切なことである。また、自分のことを詳しく知ってくれているケアスタッフがいることは安心につながる。特別養護老人ホームで生活する高齢者にとっては一緒に過ごす人の顔ぶれが同じであるということ、ケアスタッフと

「なじみの関係」を築けることは安心して暮らせる環境を整えることにつながり、認知症高齢者ケアにとても大切なことである。

4 今までの暮らしと同じ生活リズムを尊重する

認知症高齢者にとって自分の生活リズムが失われることは不安を大きくし、認知症状を悪化させる原因ともなる。

「自分の生活リズムで暮らす」ことを大切にするのはユニットケアの基本理念の一つである。起きる時間や眠りにつく時間をはじめ、歯みがきのタイミング（食前or食後）、食事の際に飲む牛乳の温度（冷たいor温かい）、食事の際のご飯のお供（梅干or海苔の佃煮）など人によって生活のリズムや嗜好は違い、その人なりの「こだわり」がある。こうした生活のリズムや嗜好のそれぞれの違いを把握し、支援することができるのがユニットケアである。

5 寄り添い和らげるケア

認知症高齢者のケアにとって、環境や生活リズムの変化をいかに少なくするかが入居者の「生活の質（quality of life：QOL）を左右するといってよい。

「家と同じような環境を整え、生活単位と介護単位を同じにし、職員を固定配置してなじみの関係を大切にする。そして、入居者一人ひとりの暮らしのリズムを大切にしながら、入居前の暮らしが継続できるように支援する」ことがユニットケアである。

ユニットケアを正しく理解し、実践することによって、認知症高齢者一人ひとりの暮らしに寄り添い、環境や生活リズムをできる限り整えながら、不安を和らげ、その人らしい暮らしを支援することを実現できるのである。

ユニットケアは、個別ケアを実現するための一つの手法である。したがってユニットケアは、ユニット型特別養護老人ホームだけのものではなく、従来型、多床室型の特別養護老人ホームにもユニットケアの理論を取り入れ、実践することができるのである。

● 実践レポート ●

6 リロケーションダメージを軽減するためのケア

ケアセンター三好園しんざ（以下、当施設）では、ショートステイのユニットにおいても家に近い環境をできる限り整えようと努めている。また、炊飯や調理、食器洗いや

片付けを実際に行うことによって生活感を醸し出し、また、ケアスタッフを固定配置することで、できる限り同じケアスタッフがかかわれるように配慮を行っている。

7 当施設の環境づくり

当施設の食堂リビングには、当たり前のことであるが、電気炊飯器や冷蔵庫など家電製品があり実際に使用している。そして「食事時にはご飯の炊ける香りがリビングに漂う」「季節の草花を飾ることを意識し、窓辺にある鉢植えが花を咲かせ、少し開いた窓から季節の風が感じられる」「冷蔵庫には自分の佃煮があり、食事の際は自由に食べられる」といった環境づくりをしている。そして、いつもの顔ぶれのケアスタッフや入居者が過ごしている。

また、当施設では方言も環境の一部と理解し不自然にならぬように注意しながら日常的に使用している。「時折、聞き慣れた方言が聞かれ入居者の笑い声がする」「他の人と過ごすことに疲れたら自分の部屋に行ける」「自分の部屋には使い慣れたタンスや家具があり。自宅にいたときから飾っていたお気に入りの絵が壁を飾っている」こうしたシーンを意識した支援ができるように努めている。

このような「家での暮らし」に近い環境を整えることは、ユニットケアの基本であり、高齢者ケア、認知症ケアには必要不可欠なものとなる。

8 なじみの関係を構築するために

職員を固定配置していても、「なじみの関係」が築けている実感をケアスタッフが得る機会は少ない。そんな中で、ある日、認知症のある入居者がクラブ活動に参加した際、見知らぬ人たちとの交流にやや興奮し始めた場面があった。他のユニットのケアスタッフが即座に対応してくれたが、その入居者の興奮は収まらなかった。ところが、その入居者を担当するユニットのケアスタッフが来たところ、途端に笑顔がこぼれ、自分のユニットへすんなり帰って行った場面があった。「顔見知り」「なじみの関係」が認知症ケアにとって大切であることを実感したシーンだった。

従来型の特別養護老人ホームでは、ケアスタッフが大勢の入居者に対して情報を把握するため、一人のケアスタッフが把握できる情報量は少ないものであった。しかし、ユニットケアでは1ユニットの入居者10人ほどに対して固定配置されたケアスタッフがいる。そのため、一人のケアスタッフが把握できる入居者1人あたりの情報量は自ずと多くなり、それだけきめ細かなケアが可能となった。

9 24Hシートの活用

生活リズムや嗜好、「こだわり」など入居者が1日をどう過ごすのかを把握し、24時間軸で捉えることができるツールが、一般社団法人日本ユニットケア推進センターの推奨する24Hシートである。

当施設では、24Hシートの活用を始めて10数年が経過するが、「入居者一人ひとりを大切にその人らしい暮らし支える」という事業理念を実践するための大切なツールとなっている。24Hシートの利用により、入居者の生活リズムや「こだわり」「嗜好」を細かに把握することができる。そして、適時適切なケアの提供が可能となる。さらに、ケアスタッフの動きにも無理や無駄がなくなり、ケアの標準化も図ることができる。

このように、24Hシートは今までの暮らしを担保する大切なツールであり、ケアの質の高まりを実感できるものとなっている。

10 最後に

2011（平成23）年、当法人の運営する従来型の特別養護老人ホームでもユニットケアを導入した。そのことにより、入居者の満足感もさることながら、ケアスタッフのモチベーションが向上し、その効果を実感し始めている。従来型の特別養護老人ホームがユニットケアを導入し始めていることは、全国的にも確実に増えてきている。ユニットケアは、まさに不安に寄り添い和らげるケアを可能にする手法といえる。

●引用文献
・外山　義：自宅でない在宅―高齢者の生活空間論. 医学書院, 2003.

■ 施設訪問レポート ■

入居者の方言も生活の一部として捉え、大切にするユニットケア

コメンテーター：**小野 幸子**
訪問：2018（平成30）年8月22日

▌リロケーションダメージを最小にする工夫を施した施設

社会福祉法人十日町福祉会ケアセンター三好園しんざは、特養のほか、短期入所生活介護、通所介護事業、訪問看護事業、居宅介護支援事業所、地域包括支援センターを併設し、北越急行ほくほく線しんざ駅より徒歩約8分に位置する3階建ての洋風の建物である。

特養は、1ユニット11～12名の全室個室のユニットが2階に2ユニット（短期入居者20名）、3階に4ユニット（長期利用者50名）の総計6つのユニットで構成されている。

施設の理念は、「一人ひとりの暮らしを大切にしたその人らしい暮らしを支えます」であり、殊にユニットケアの理念でもある入居者個々の生活スタイルを尊重することを基本としている。特に特養への入居基準が要介護3以上になり、重度化した高齢者や認知症高齢者（自立度Ⅲ以上の認知症高齢者）の占める割合が81.3％（29年度実績）と高くなっていることから、認知症高齢者へのケアの取組みを強化している。

これは、特養施設を「自宅でない在宅」として、それまでの自宅での暮らしに可能な限り近づける、つまり、リロケーションダメージを最小にする工夫であり、なじみの物理的・空間的・時間的・人的環境の整備に重点を置くというものである。

とりわけ認知症高齢者は、記憶や見当識の障害から施設入居という環境の変化への適応が容易ではなく、ケアの難易度を高めることにつながってしまう不安を原因とするBPSDの発現を予防し、引いては認知症の進行を緩やかにするというものである。

そのための具体的取り組みは、松村常務理事が著しているため、ここでは詳述しないが、介護職員の固定配置による馴染みの関係づくりをはじめ、入居者個々のこれまでの生活に関する詳細な情報を多職種連携のもとに多角的に収集し、それを基に、入居者の馴染みのもの、大切なものを居室に設置し、さらに24Hシートを活用し、時系列を意識した、要望に基づく、きめ細やかなケアを組み立てて提供するというものである。

認知症を悪化させるといわれるフィジカルロック、スピーチロック、ドラッグロックを回避し、安心・安楽・安寧な生活を保障することによって、認知症の入居者がその人らしく生活できるようにしている。特筆すべきは、入居者の方言や言い回し、それ自体が暮らしの一部であり、ユニットケアの一環と捉え、大切にしているということである。

入居者個々のこだわりに着目した生活環境づくり

視察やインタビューを通じて感じたことは、まず、玄関を入って眼前に入る一間余りの駄菓子屋さんである。これは長期入居者のみでなく、短期入居者やデイサービス利用者、さらには地域住民にも開放しているとのことであった。また、理容室を整備してサインポールを設置し、入居者の希望に応じて理容師さんに来てもらっているとのことであった。

このようにプライベート・セミプライベートスペースとは異なるパブリックスペースとして、通常の日常生活に密着したものを活用し、社会性を維持する工夫も見られた。

また、松村常務理事は、入居者にとっての快適な匂いや入居者個々のこだわりに着目して大切にしていること、さらに、「寝たきりであっても、無味乾燥な居室ではなく、寝たきりだからこそ、その人らしい居室に設えるとともに、食堂や外が見えるセミプライベートスペースで、人の会話を聞き、炊飯の香りを楽しみ、季節の草花を感じとることができる環境が大切で、ユニットケアにはその仕掛けがあり、寝たきりでもその人らしく過ごせることを担保するケアを可能にする」と述べていた。

入居者情報の丁寧な把握と多職種間での共有によるケア

本施設は、筆者の所属する新潟看護大学学部生の4年次における総合実習の受け入れ施設でもあり、学生達は診断・検査・治療を中心とした医療施設におけるケア（看護）とは異なり、徹底して入居者中心のケアを志向し、その人らしさを引き出しつつ、その人らしさ尊重したケアのあり方を追究していることを体験することができる。

また、医療施設とは異なり、配置数の少ない介護福祉施設で看護職が存在することの意味や果たすべき役割、その重要性を学んできている。

本来であれば、医療施設も同様のケアが必要で、看護職も介護職も利用者の意向代弁者であり、意向を叶えるケアが求められる。

しかし、インフォームドコンセントの重要性が叫ばれてから20年以上経る今日においても、依然として医師のパターナリズムが存在しているように思われる。これは医師のみの問題ではなく、看護職の問題でもあり、さらに利用者（患者・家族）の問題、すなわち、「医師に意向を伝えてよい」「わからないことは聞く」「おかしいと思えることは確認する」ということが、長年にわたる医療施設の組織風土や我慢することが当然の国民性にもあると捉えられる。

現代の高齢者の多くは、「ケアをしてもらっている」「お世話になっている」だから「わがままを言ってはいけない（実際はわがままではない）」「ご迷惑をかけないようにしなければ…（実際はご迷惑なことではない）」という思考が定着し、忍耐強くふるま

ってはいないだろうか。

　ケア提供者は、高齢者が我慢している、遠慮している可能性があることを理解し、意図的に個々の高齢者の意向を引き出し、もしくは長年生活をともにし、その人を理解している家族からどのような生き方をしてきたか、何を大切にしてきたか、何を好んでいたか等々、その必要性も含めて丁寧に情報を入手してケアに活かしていくことが求められる。

　このような意味から、本特養のように、徹底して入居者（家族）の声に耳を傾け、多職種がさまざまな視点から把握できたことを共有して、その人らしさを確認しつつ、環境づくりをはじめとしたケアにつなげていることは、ケアの原点・本質にせまるものと捉えることができる。

● 施設・法人の概要 ●

住　所：〒948-0003　新潟県十日町市新座甲609−2

法人名：社会福祉法人　十日町福祉会

施設名：ケアセンター　三好園しんざ

ユニット数：6ユニット（短期2ユニット、長期4ユニット）

利用形態：特養　短期　通所介護　訪問介護　居宅介護支援　地域包括支援
　　　　　センター

利用者数：特養50名　短期20名　通所30名

職員数：87名

開　設：2004（平成16）年5月1日

施設長：松村実　略歴
役職：社会福祉法人十日町福祉会　常務理事
昭和33年9月26日生まれ　介護福祉士　社会福祉士　介護支援専門員
昭和63年4月　法人入職
介護職員、生活指導員、ソーシャルワーカー、介護支援専門員を経験
平成15年9月　ケアセンター三好園しんざ開設準備室　総務係長
平成16年4月　ケアセンター三好園しんざ総務課長
平成26年4月　同センター施設長
平成29年より　現職

連絡先：電話番号　025-752-7670
　　　　　FAX　025-752-7672
　　　　　ホームページ　http://fuku-tokamachi.or.jp

第 3 章

相談されたらイヤとは
言わないケアの開発と実践

社会福祉法人 カトリック京都司教区カリタス会
特別養護老人ホーム 神の園
齊藤 裕三

● ケア哲学と実践に向けた考え方 ●

1 ユニットケアで求められるケアのパラダイム転換

「相談されたらイヤとは言わないケア」とは、いったいどのようなことを指すのか。日常、入居者のケアに携わるなかで、相談されても対応できないこともあるし、「何でもできるわけではない」と思わず言ってしまいたくなるが、この言葉がもつ意味を高齢者福祉の歴史をふまえ今一度考えてみたい。

2 保護事業・措置制度における高齢者ケア

高齢者福祉は、戦後当初、生活保護法に基づく「養老院」「養老施設」で行われ、1963（昭和38）年の老人福祉法の制定により、介護を必要とする高齢者は、おもに特別養護老人ホーム（以下、特養）に入所し支援を受けることになった。

これらはいずれも、保護事業・措置制度のもとで行われており、そこでは、日本国憲法第25条の生存権の規定をふまえて、生活に必要な衣食住、食事・入浴・排泄等の介護など、まずは最低限度の生活を維持できるようすることが大きな目的であった。

その後、「収容の場」から「生活の場」へ転換することが言われたが、大きな進展はなく、その後もどちらかといえば「最低限度」に視点が置かれ、「その人らしい暮らし」とか「本人が望む暮らし」という視点には至っていなかったといってよい。ケアの方法においても、入居前後の生活の継続性や連続性は問われることなく、サービスの提供側（施設側）を主体とし、本人の意向や生活リズムとは異なったところで、施設側のスケジュールによって決まった時間に一斉に行われることが一般的であった。この状況は、1990年代でも大きな変化はなく、むしろ、入所者の高齢化・重度化が進むなかで、職員の疲弊や流れ作業的な仕事の進め方も加わり、より本人の意思決定や意向、気持ちを意識することなく、作業的な要素が高まっていった。

3 ユニット型特別養護老人ホームの登場と「尊厳の保持」

このような状況のなか、国は、2001（平成13）年「全室個室・ユニットケアの特別養護老人ホーム」の整備を発表、2003（平成15）年４月からユニット型特養の運営が開始された。これと同じくして、同年の介護保険制度改正では、介護保険法の目的を表記する第１条に、改めて「尊厳の保持」が加えられた。

こうした動きは、少なくとも「ユニットケア＝『尊厳の保持』が可能なケア」を目指

さなければならないということである。しかし、「尊厳の保持」の捉え方は施設や事業所、また人によりさまざまであり、ケア現場においては、「尊厳の保持」とはどのようなものなのかをもう少し具体的に考えたうえでケアを展開する必要ある。

2003（平成15）年6月に、高齢者介護研究会がまとめた報告書「2015年の高齢者介護」では、「尊厳の保持」とは、「その人らしい暮らしを自分の意思で送ること」「個人として尊重されること」「自分の人生を自分で決めること」と捉えている。つまり、日常の生活のなかで入居者一人ひとりの意思決定をいかに支援するかが、尊厳を保持するための支援の大前提のとなるのである。

この報告書で、もう一点注目すべき点は、「自立支援」の捉え方である。介護保険法では法律制定当初から「自立支援」を理念として掲げていたが、ここでは「自立支援」の根底にあるのは「尊厳の保持」としている。この点から考えれば、これまでの自立は「身体的自立」であって、「精神的自立」は含まない傾向が強かったとみるべきである。身体的自立は、精神的自立（自由）があって、はじめて意味をもち、人間として生きていくうえで重要なことは、精神的な自由が確保されること、すなわち、そのことをして尊厳が保持されるということなのである。尊厳の保持を理念としたことは、たとえ身体的自立は確保されなくても、精神の自由は確保されるようケアするということでもある。

4 「相談されたらイヤとは言わないケア」のもつ意味

以上のことをふまえ「相談されたらイヤとは言わないケア」の意味を考えると、それは、入居者が望んだ（意思決定した）ケアをいかに尊重し実現するかということであり、従来行われてきた職員の仕事の都合を優先した一斉介助・流れ作業的な介助から、入居者の意思・意向・気持ちなどを発端に入居前後の生活の連続性・継続性を意識ながらケアが展開されるという、大きなパラダイムの転換を図ることを意味する。

ユニットケアでは、入居者の意思・意向・気持ちなどを中心に置きながら入居前後の生活の連続性・継続性を担保し、相談されても対応ができるケアの体制をつくっていくことを問われているのである。

● 実践レポート ●

5 神の園で取り組んだ24Hシートの導入とケアのパラダイム転換

本人の意思決定や意向、気持ちを尊重することを起点としてケアを展開する場合、神の園（以下、当施設）で有効だと考えて取り組んできたのが、日本ユニットケア推進セ

ンターで推奨されている24Hシートの導入と運用である。

24Hシートとは、時間軸を縦軸として、「生活リズム」「意向・好み」「自分でできること」「サポートが必要なこと」を確認し、ケアを展開するツールである。当施設では、2011（平成23）年から導入し、現在までの約7年間、ケアのパラダイム転換に取り組んできた。

6 ユニットケアへの移行期

当施設は1972（昭和47）年に開設し、2003（平成15）年10月にユニット型に建替えをした。当時ユニットケアの施設は周りにもなく、どのような建物にするか、またどのように運営（ケア）するかは大きな課題であった。特に問題となったのは、これまで私たちの施設でも行ってきた、一斉介助・流れ作業的な介助からの脱却だった。

開設1年前からプロジェクトチームを立ち上げ、その問題に取り組んだが、職員の意識は従来と変わることなく、むしろユニットケアに反対する職員が多く、前途多難なスタートであった。それでも開設時には、ユニットでの食事の盛りつけ、マンツーマン入浴、一斉介助の代名詞でもあった排泄カートの廃止などは何とか実現できた。

開設して約7年間は、ユニットケア以前の「そもそものケアのあり方」を改善する時期だったと振り返ることができる。「立ったまま食事介助をしない」「おむつを重ね使いしない」「身体拘束をやめよう」といった内容である。そして、7年後、そう言った課題が一段落し、筆者も施設長となって、いよいよ入居者の意思決定や意向、気持ちを出発点とするケアのパラダイム転換の取り組みを始めたのである。

7 24Hシートの導入とケアのパラダイム転換に向けた取り組み

2012（平成24）年4月より、①施設理念の確立と職員への周知、②理念を具体化するための組織体制の見直し（ユニットへの権限の委譲と責任の明確化）、③24Hシートの導入（職員への周知ケアの展開手順の確立）の3点を重点課題として、ケアのパラダイム転換に取り組んだ。

理念の確立と職員の周知については、まず、サービス向上委員会のなかで理念の見直しを行った。現在の理念から、職員が理解しやすいようにポイントを絞り覚えやすくわかりやすい文言にすること、職員が目指すものとのして共感できることを大切にした。また、理念を土台として、具体的に目指すケアを「ケアの基本方針」として4つにまとめ、さらにそれらをケア現場で展開するため方法として、24Hシートの活用とそれぞれ

のケア場面でのルールをまとめた。

　周知に関しては、理念を再検討するなかで、かかわった職員がその重要性を理解してもらえたことが大きい。自分たちが考えた理念が施設の目標となったことは、それぞれの職員の自覚を高め、多くの職員に理解してもらいたいとの思いから、理念を記載した職員手帳をつくるという自発的な動きにもつながった。

　筆者自身は、施設長として、新人研修、職員会議等のなかで、施設の理念について、その思いや取り組むべき課題について、ことあるごとに話をして周知を進めた。入居者の家族にも、入居前には必ず面談を行い、施設の理念・ケアの基本方針を説明し、施設運営への理解と職員への協力を求めた。

　組織体制の見直しについては、ユニットへの職員の固定配置を行い、ユニットリーダー会議を中心に24Hシートの導入をはじめ、ユニットの環境づくり、食事、排泄、入浴のケアの基本ルールの徹底など、課題解決に向け、ユニットリーダー会議とユニット会議を連動しながら、それぞれのリーダーがお互いに確認する形で取り組みを進めた。

　仕事の進め方として目指すべき課題が明確化し基本的なルールができたこと、また、取り組みの結果をユニットリーダー会議で可視化するようにしたことで、安心して職員（ユニット）への権限の委譲が進められた。入居者の意思や意向を最も理解しやすい現場の職員に権限移譲が進み、ケア体制や方法が整いさえすれば、ケアのパラダイム転換は可能になる。

　24Hシートの導入に関して、最も重要視したのは、本人の意向や好みを丁寧に確認することだった。認知症の日常生活自立度Ⅱ以上の入居者が多くを占める特養のなかでは、ケアの根拠として本人の意向や好みをいかに確認するか、または推測するかが、ケアのパラダイム転換の出発点となる。

　そこで、職員がもっている情報、家族からの聴き取りに加え、入居者に直接職員が問いかけをして、できる範囲で回答をもらい、24Hシートを作成した。

　当初は「ケアプランの内容を24Hシートに盛り込めていない」「更新ができない」ことも多かったが、ユニットリーダー会議のなかで進捗状況を確認しながら、リーダー同士が互いに助け合って、一人ひとりの職員に対応やフォローを行い、安定的に24Hシートを運用できるようになった。

　24Hシートができた後は、24Hシートを一覧化し、ケアの優先順位を整理しながら、入居者一人ひとりの意向や好み、生活リズムに応じて、ユニット全体の仕事を整理して、どの時間帯に何人の職員を配置するか、職員以外で活用できるボランティアなどの社会資源はないかなどを検討しながら、入居者の意思・意向・気持ちなどを出発点としたケアのパラダイム転換を目指した。

8 成果と課題

　最後に成果と課題について述べておきたい。当施設では、足掛け7年間、ケアのパラダイム転換に取り組んできたが、もちろんすぐに成果が出たわけではない。7年の間、取り組み当初から大切にした3つのポイントを一つひとつ実践し、うまくいったと思ったら立ち止まり、時には逆戻りをして今に至っている。

　3つのポイントは相互に深く関連しており、課題の内容により、どこから介入するかを考えながら取り組んでいく必要があるだろう。また、継続し続けることが何より大切で、おごりや忙しさにかまけて、ポイントを1つでもないがしろにしては、たちまち元に戻ってしまう可能性がある。

　とりわけ、施設運営の基盤となる理念の共有は何よりも大切で、施設長として、職員との関係性を深め、その周知や内容をより深く理解してもらうことは非常に重要な仕事の一つであり、自分自身の大きな課題である。また、基本的な職員育成・研修とともに、3つのポイントを理解してもらうための研修の構築・深化も課題といえる。

　また、「相談されてもイヤとは言わないケア」の開発というところから言えば、今でもやっぱり、できないこともある。今後は家族会の活動なども含め、家族との協働をより一層進める必要性を感じている。また、施設の社会化や地域福祉活動（公益活動）等の推進という意味からも、ケアの問題を施設の内部で解決しようとするだけでなく、入居者を広く地域住民と捉え、特養が地域包括ケアシステムの基点の一つとして、ボランティアの育成や社会資源の開発、医療機関や多職種・他機関のとの連携や協働を推し進め、入居者の意向や暮らしと結びつけることが必要だと考えている。

　ケアのパラダイム転換を目的に約7年間取り組みを進めてきた結果、現在は「相談されてもイヤとは言わないケア」が少しずつ実現してきていると感じている。あたりまえかもしれないが、入居者の意向や気持ちを出発点として行うケアは、本人の協力を得やすく、ケアがスムーズなうえ、入居者の能力を生かした自立支援にもつながりやすい。

　一斉介助などに見られる職員からのケアの強要がないことは、入居者の安心感を生み、結果として職員への信頼や感謝が行動として形となり職員の満足感ややりがいにもつながる。このような状況が生まれると、日常のケア、入居者と職員の関係性、家族の信頼など全てのことが好循環をし、よい方向へ向いていく。これは施設の財産である。

　世間一般からみれば、介護施設は、まだまだネガティブなイメージがあるが、この財産をもとに、質の高いケア、仕事のやりがいや魅力を積極的に発信することで、職員の定着、採用の確保、地域からの信頼などに繋がり、施設運営の基盤強化の大きな助けとなることは間違いない。

■ 施設訪問レポート ■

神の園のこれまでの歩みと「相談されたらイヤとは言わないケア」の本質

コメンテーター：斉藤 弥生
訪問：2018（平成30）年10月7日

「相談されたらイヤとは言わないケア」とはいったい何だろう、と多くの人が思うのではないだろうか。私もその一人であった。

■ 京都府下で歴史ある特養が、最先端の新型特養に改築

特別養護老人ホーム神の園は、京都府精華町（人口約3万人）で、1972（昭和47）年に、京都府相楽郡初めての特別養護老人ホーム（以下、特養）として始まった。1985（昭和60）年にショートステイ、1994（平成6）年に在宅介護支援センター、1996（平成8）年にデイサービスというように、施設サービスを柱に、1990年代のゴールドプランの実施時期に在宅サービスを展開し、神の園は京都南部の高齢者介護の中核を担ってきた。

京都府下で3番目に長い歴史をもつ特養が、2003（平成15）年、日本でも最先端の新型特養、つまり全室個室のユニットケアを始めることになった。このギャップこそが、施設長の齊藤裕三さんのいう"ケアのパラダイム転換"を生み出したように思う。齊藤施設長が就職した1970年代頃の特養は「暗い、汚い、臭いがする」のが普通で、職員に怒鳴られている入居者の姿は日常的な光景だったという。神の園でも、2003年に建て替えられるまではすべてが6人部屋だった。

旧特養の改築が決まり、ユニットケアの新型特養へ移行にあたり、齊藤施設長は特養の責任者で、「これはチャンス。建物を替えると同時に中身も変えていく。働くことに誇りをもてる施設にしたい」と思ったそうである。

2001（平成13）年頃から移行への準備を始め、2002（平成14）年には旧特養の古い施設のなかですでにユニットケアを実践していた。京都府の勉強会に出かけたり、他の施設の見学に行きながら、その理念や手法を学んでいった。そのときに学んだことが、施設設計にもこだわりとして生かされており、1ユニットに必ず浴室が1つあり、それぞれのユニットは完全に独立している。

■ やっぱり、職員教育

当時、ユニットケアは紹介されていたものの、それを実践する施設は限られていた。まずは責任者らが外部の研修会に参加し、ユニットケアの情報を集めてくることから始

まった。責任者らと職員が一緒に他のユニットケアを実践する施設を見学に行く。そして、勉強会をするという作業の繰り返し。齊藤施設長は、ユニットケアだけを学んでも不十分であることに気づき、組織運営や福祉の専門職としての基本研修、認知症についての知識を深める研修など、新型特養への改築とユニットケアの導入をきっかけに職員の研修体制を全面的に見直した。

齊藤施設長が特養に就職した1970年代、職員研修は年に1回程度、しかも自由参加だったため、人が集まらなかったという。「当時を思えば、日本の介護は家族介護の延長だった。その後、養成校で一定の教育を受けた若い人たちが就職するようになったけれど、多くの職員は何をしてよいのかがわからなかった」と齊藤施設長。多くの施設では、食事、入浴、排せつといった三大介護を行うことが目的化していて、その方法さえもしっかりと教えられていない素人の介護が多かったという。

だが職員もまた被害者だった。1980年代頃から重度の介護を必要とする人の入所が増え、政府は「寝たきり老人ゼロ作戦」（1989（平成元）年）を唱え、現場では「要介護高齢者をとにかく起こせ」と言われる。しかし職員は、介護を必要とする重度の高齢者をどう起こせばよいのか、教わったこともないし、先輩職員に聞いてもわからないのである。そして多くの職員が腰痛に苦しんできた。

▌24Hシートが作業的なケアを変えた

24Hシートの導入は介護の発想を根本から変えた。従来は、「お風呂に入れなくてはならない人が○○人いるから、一人当たりの入浴時間は○○分」という具合に、職員の都合でお風呂の時間を決めていた。しかし入居者は、そのときにお風呂に入りたくないこともある。当人の意に反して、無理やり入浴をさせようとすれば説得のために余計な時間もかかるため非効率であると同時に、当人と職員との間は気まずいムードになる。

だが24Hシートを使うと、双方にとって都合のよい時間を見つけ出すことができる。当人の希望に少しでも近い時間を見つけることができれば、当人も心地よく入浴ができ、また当人の笑顔を見た職員も嬉しくなる。そして次回も、できるだけ当人の希望をかなえてあげたいと思うようになり、お互いが気分良く、そして職員のモチベーションも上がる。こちらのサイクルのほうがはるかに効率的なのである。

齊藤施設長のこだわりは、「入居者2：職員1」の職員の固定配置。この基準が崩れると、1人の職員が2つのユニットを見なくてはならない場面が生まれてしまう。1つのユニットのなかで、毎日同じ顔が見えることが大事で、職員は同じ入居者を毎日見ていることで、自分の気持ちをうまく表現できない入居者についてもその人を理解し、その人にあったケアを行うことができる。

「相談されたらイヤとはいわない」ケアとは

　事業者競争のなかで、「うちの施設ではこんなこともしています」というように、過剰と思われるサービスを売りにする事業者もある。しかし「相談されたらイヤとはいわないケア」というのは、何でもやるという意味ではない。「利用者の声に誠実に耳を傾け、そこから始まる介護を目指す」という、神の園のケアの理念である。

　従来型特養で働いてきた職員にとって、ユニットケアで働くことはなかなか難しいという話を聞くことがある。神の園の取り組みは、特に従来型特養にユニットケアの導入を考えるリーダーの皆さんに対して、多くの貴重な経験を示している。

施設・法人の概要

住　所：〒619-0243　京都府相楽郡精華町南稲八妻笛竹41

法人名：社会福祉法人カトリック京都司教区カリタス会

施設名：特別養護老人ホーム神の園（長期90名、短期14名）

ユニット数：1ユニットの定員とユニット数／12人×1ユニット×6ユニット、14人×1ユニット

利用者数：104名

開　設：2003（平成15）年10月1日

施設長：齊藤裕三
　　　　高齢者総合福祉施設神の園　理事・総合施設長
　　　　1965年生。1998年10月33歳で転職し神の園にデイサービスの介護職員として採用される。2011年4月特養相談員を経て、施設長就任。龍谷大学社会学研究科社会福祉学　修士課程修了。社会福祉士・介護福祉士・介護支援専門員。認知症介護指導者27期修了。

その他：関連施設／①ケアハウス神の園（ケアハウス・居宅支援・訪問介護・訪問入浴・通所介護）、②地域ケアセンター花笑み（サービス付き高齢者住宅・認知症共同生活介護・小規模多機能居宅介護）、③下狛ふれあいの家（小規模多機能居宅介護）

施設の概観

内観の写真

第 **4** 章

食べる喜び、食べたいと思う心を尊重するケア

──胃ろう・経管栄養に頼らないケア、食文化の大切さ──

社会福祉法人 恩賜財団神奈川県同胞援護会
シルバータウン相模原特別養護老人ホーム
金子 智代美

● ケアの哲学と実践に向けた考え方 ●

1 「食」の重要性

　「食」は命をつなぐものである。生きるために必要なもの、そしてそこにおいしさや楽しみが加わると、「食」のもつ力が倍増するような場面をよく見かける。「食」は単に生きるために栄養をとるだけの行為ではなく、「生きる力」を引き出す、なくてはならない大切なものである。

　特に高齢者にとって、長い人生の思い出とともに「食」があり、家族や社会とつながるカギになることもある。そして「食べる」ことができるかどうかが、居場所や生活の状況を左右する要素にもなりうる。

2 食事はおいしくなければ、栄養にならない

　私たち、シルバータウン相模原特別養護老人ホーム（以下、当施設）がユニットケアを導入したのは、長年抱いていた「本当に実現したい、入居者主体の介護施設」の実現のためである。そして、ここでは「暮らしの継続」を基本に、一人ひとりに合わせたケアを実現することを目指している。

　さて、介護施設に入居し、今までの生活と違うことで特に影響が大きいのは「食」ではないだろうか。

　高齢者にとって介護施設に入居するという環境の変化は、身体的、精神的に影響が大きい。なかでも、知らない人たちのなかで食事をする環境や、食べ慣れない味つけや食材などが出てくる施設での食事によって、本来、楽しみであるはずの食事を楽しみと感じられないことになりかねない。

　そんなとき、持参もしくは家族が届けた一粒の大好きな梅干しが、安心感とおいしさを届けてくれるかもしれない。梅干しがきっかけで食欲がわいて、少しでも元気を取り戻してくれたらうれしいことである。

　このように、高齢者には長年大切にしてきたそれぞれの食事の習慣や好みがある。それらを把握して日々の食事の場面に反映することが、おいしさや楽しみにつながる。

　しかし、介護施設における日々の食事は、施設の職員が直接携わるほか、給食会社への委託や真空調理品の利用など、給食運営の形態はいくつかあるが、ほとんどが同一の献立によって、提供されている。そのため、一人ひとりの好みに合わせるために、すべて違う食事をつくることは、限られた経費や人手を考えると現実的ではない。では、どうしたらおいしいと思えるような食事になるのか。

食べる喜び、食べたいと思う心を尊重するケア ● 第4章

おいしいと思える食事の提供に必要なこと

　おいしく、健康を維持するための食事への取り組みは、今日まで当施設の担当職員がさまざまな形で取り組んできた。

　咀嚼能力や嚥下状態に合わせた食形態、慢性疾患に対応する療養食の提供は必然のものとして、楽しみを重視して提供するものとして、四季を感じる行事食や好きなものを選ぶ選択食、施設外から好きなメニューを取り寄せる出前食、好きなものを好きなだけ選べるバイキング食など、限られた回数にはなるが提供してきた。

　毎日の食事に関しては、一人ひとりの嗜好をなるべく反映しようとしたが、集団給食のなかにどれだけ取り込めるのか、常に限界を感じながら、「施設だから仕方ない」と、どこかで妥協し納得せざるを得なかった。それは集団を前提に、一人ひとりの食事を提供する考えでいたためである。

　しかし、ユニットケアで目指す食事は、入居者の視点に立ち、その方に合わせることを前提に考える、言わば集団とは逆の視点からの食事の発想である。

　また、ユニットケアの食事の場面では、単に献立内容だけで「おいしさ」を考えるのではなく、テーブル、椅子、照明などの食事環境や時間を含めるなど日々の食事の場面を多面的に捉え、総合して、入居者にとって「美味しいと思える食事」になるように考えている。

　そして、そうしたユニットケアの食事の捉え方を、介護職、看護師、栄養士、相談員、施設長、事務職など施設全体が共通理解し、それぞれがかかわって、おいしい食事づくりを実現する。

　食事の前には、食欲をそそる匂いがし、食器の音が聞こえている。そして、好みの器や手になじみ使いやすい食器、身体に合って安定して座れるテーブルや椅子がある環境、食べ慣れた友人との食事。体調や気分など、日によって「なんとなくいつもと違う」といった些細なことにも対応してくれるような気配り、などがあったら、たとえ、入居者全員が同じ献立であっても、一人ひとりが満足する食事につながるのではないだろうか。それを実現できる仕組みがユニットケアにはあると考えている。

　また、介護施設は介護の専門性をもっている。特に介護保険制度の改正によって、入居条件が原則、要介護度3以上となってから、医療依存度の高い、重度化している入居者が増えている。

　当施設では「最後まで口から食べられる幸せ」を合言葉に、看護師、栄養士それぞれの専門職としての視点からアセスメントし、入居者の状況を把握し、嗜好や食習慣を踏まえたうえで、咀嚼や嚥下状態に合わせた食事の提供を行っている。食形態は主食6種

53

類、副食6種類としているが、その方の食べる意欲を大切にし、おいしい食事につなげるために、献立によって食形態を変えることも多い。主食と副食の食形態も、必ずしも同一ではなく、食卓のなかでそれを実現するためには、介護職、看護師、栄養士が常に連携し、情報共有していなければならない。多職種連携ができなければ、おいしい食事にはつながらないと言えるだろう。食事時間のユニットへのラウンドはもちろん、介護職が「食べること」にかかわることなら、些細なことでも多職種間で共有できる仕組みと信頼関係の構築が必要と考えている。

また、給食委託業者もおいしい食事を提供するためのパートナーとして考え、施設の方針やユニットケアの理念を共有する事が重要となる。その点からも、食事の場面に実際に足を運んで、入居者の様子をみてもらうことはとても大切である。

入居者は在宅から入居するとは限らない。「暮らしの継続」ではあっても必ずしも在宅での暮らしを継続しているわけではないからこそ、「その方」をよく知ることで、望んでいる生活の一部としてどのような食事を求めているのかを伺い知ることができる。

介護施設では、看護師や栄養士の人数が少ないからこそ、状況に変化があれば記録を常に共有する仕組みが必要であり、それぞれの専門性を生かし、入居者一人ひとりの生活、とりわけ食生活領域で、根拠をもった発言、行動を求めたい。

● 実践レポート ●

4 事例1

86歳女性、要介護5、おもな疾病：アルツハイマー型認知症、脳梗塞、高血圧、糖尿病

入居後1年経過した頃から、認知症の進行により「食べる」ことを認知できなくなり、徐々に開口しない、ため込んで呑み込めない状況がみられるようになった。わずかな隙間にスプーン（樹脂）を差し込むため、口唇が赤くなり皮むけが始まるなど経口摂取が難しい状況になってきたため、速やかに栄養士、看護師がかかわり検討した。

ケアワーカーの情報から、食事中に歯ぎしりや傾眠傾向がみられたりするものの、声かけには笑顔で返事をする様子がみられたり、もぐもぐと咀嚼する様子がみられた。水分補給に使用した柔らかいボトルに入ったジュレは、呑み込めることがわかったため、ボトルを使用して食事をとる試みを、声かけしながら一口ずつから始めたところ、呑み込めることができるようになった。一口一口確認しながらの介助は時間がかかるが、口から食べられるようになって全身状態も改善してきた。

その後2年経過しているが、食事量もとれており体調も安定している。今はリビング

に出てくる時間も以前より増えてきた。

　家族は、なるべく口から食べさせたいと思っていたが、食事量が低下したときは胃ろうも考えた。「おかげさまで、食べられるようになってよかった」と言っている。

　ケアワーカーが小さな変化も見逃さず、多職種が連携することで、口から食べられることが継続できたが、ユニットケアであるからこそ、仔細でより深い情報も共有でき、時間をかけて食事支援にかかることができた事例だと思われる。

5 事例2

　82歳女性、要介護4、おもな疾病：アルツハイマー型認知症、糖尿病、パーキンソン病、高血圧症、簡単なことなら話の理解ができる。

　介護者のご主人が入院されたために、ロングショートステイ利用をされていたが、ご主人が亡くなられたためにユニット型に本入居となった。家族からは「本人に負担になるようなことは望まない」「胃ろうは望まない」「糖尿病であっても本人が食べたいものを食べさせてあげたい」「好きなものはできる限りもってきます」と伺っている。

　自宅では、ご主人がご飯を食べさせようと一生懸命取り組んでいたが、食がだんだん細くなり、入居時は3割程度しか食べられず、低栄養リスクも「高」と判断された。家族から食事の好みや食器の使い方などをくわしく伺い、食事が少しでも進むきっかけを探そうとご家族と協力して取り組んでいたところ、「正面に人がいると食事が進まないこと」「好みのものでも同じものが続くと召し上がらないこと」「自歯が多く、噛み応えのあるものが好みであること」など、ユニットでの食事の提供時に、気をつければよいことが多くあることがわかった。

　3か月後には食事量が9割に増え、半年後には、ほぼ全量食べられるようになった。そして、体調が安定してきたのか、以前より言葉を発することが多くなった。

　認知症の進行だけでなく、自宅で常に身近に支えてくれていたご主人が急にいなくなり、住み慣れた自宅から施設へと環境が変わったことで、大きな不安があったと思われる。それがユニット生活をするなかで、顔なじみの関係が構築され、安心した居場所と感じてもらえた結果、食事にも良い変化をもたらしたのではないかと思う。

　また、この入居者は同じ施設内の従来型多床室でも同様に食事量が少なく、職員はユニット型と同様に食事量が増えるように努力していたため、職員の介護力に大きな違いはなかったと思われる。ユニットケアを行うことで、ケアの標準化が図れ、より深く同じ情報を共有できたこと、また、落ち着いた環境で食事ができたことなどが、違いとして現れたのではないかと考えている。

6 事例3

　60歳、男性、おもな疾病：高次脳機能障害、発語ができないため、言葉によるコミュニケーションができない。

　入居後、たびたび施設の外に突然飛び出してしまい、帰れなくなる。出入りは基本的に自由にしているため、目が離せない状況が続き、そのつど相談員や事務員も対応に追われていた。

　ユニットリーダーを中心に、その方の今までの生活をよく知り「なぜ外に出ていってしまうのか」探ってみたところ、長距離輸送の仕事を長年していたこと、家族はなく、食事は常にコンビニエンスストアやファストフード店で購入していたことなどがわかり、施設の食事を全く食べないのは、バランスのとれた家庭的な食事になじみがなかったためだとわかった。

　ユニットの職員から、フロアのセミパブリックスペースにコンビニエンスストアで売っているような食料を並べ、売店をつくってはどうかと提案があり、すべて100円の無人販売所が始まった。すると、上手に利用し始めるようになり、そのころから外に出ていくことがほとんどなくなった。

　入居当初の環境の変化や意思表示ができない、なじみのない食事、空腹など、いくつも重なったことが、食事をしない、外に飛び出すといった行動につながったと考えられる。

　売店をつくって終わりではなく、一緒に買い物に行ったり、外出してファストフードを食べるなど、ユニットの職員はこまめに様子をみながら声かけをしている。その後、職員となじみの関係ができてきて、食事も好きなものが食べられることで安心したのか、施設の食事も食べられるようになった。

7 事例4

　ある入居者が「自宅にいた頃は、毎年梅干しを漬けていたけれど、ここではできないわね」とつぶやいたことがきっかけで、梅干しをユニットで漬けることになった。職員の友人に梅干し漬けのボランティアをお願いし、教えてもらいながら準備していると、ほかの認知症の入居者がはりきって手伝ってくれることになり、土用干しも天気を伺いながら行い、上手につくることができた。

　でき上がった梅干しは、毎年、新米の炊き立てご飯の握り飯の具にして、ユニット入

居者全員でいただいている。今年は梅シロップに挑戦し、かき氷にかけて楽しんだ。年末には入居者と話し合い、寄せ鍋パーティーを行う予定である。

このような取り組みでは、普段、食が細い方でもこのときは楽しくおいしく召しあがってくれる。

地域によって食文化の違いはあるが、当施設は、さまざまな地域から移り住んできた方が多い。ユニットの入居者も出身地はさまざまなので、入居者みなさんに季節や行事にまつわる食事を教えていただきながら、楽しんでいただいている。

8 まとめ

今後も入居者は重度化し医療依存度の高い方が増えていく傾向にある。そのため、医療と介護の連携がますます重要になっていくとともに、施設のもつ介護力には、医療的知識もより必要となる。

そんななかユニットケアは、その方らしい暮らしを継続できることを合言葉にしてきたが、重度化してくると、どのように実現したらよいのか迷い、悩むことも増えてくる。

それでも「食事はおいしくなければ栄養にならない」という考えのもと、各職種が専門性をより深め、入居者一人ひとりに合わせた、おいしく楽しみのある食事を提供するために、入居者により近いユニット内でひと手間かけていくことが必要となっていくであろう。

■ 施設訪問レポート ■

「食」の文化、生活における「食」の位置を重視したユニットケアを推進

コメンテーター：**大橋 謙策**

訪問：2018（平成30）年9月7日

施設の歴史と性格

シルバータウン相模原特別養護老人ホーム（以下、シルバータウン相模原）の経営組織は、社会福祉法人・神奈川県同胞援護会（以下、同胞援護会）である。同胞援護会は、第2次世界大戦の戦争被災者を救済すべく、全国的に施設設置が呼びかけられた恩賜財団である。社会福祉事業法が制定された1951（昭和26）年に全国本部が解散したことに伴い、神奈川県を単位とする独立恩賜財団となり、翌1952（昭和27）年に社会福祉事業法に規定された社会福祉法人へと組織変更を行って今日に至っている。

したがって、当同胞援護会は、戦争被災者の救済の性格を今でも継承しており、母子生活支援施設、救護施設、保育園、養護老人ホーム、宿所提供施設等、戦後に必要とされた救済事業の施設を数多く経営してきている。そのような歴史的経緯から考えても当同胞援護会は神奈川県行政とのかかわりは深く、さまざまな施設の経営委託を受けており、1964（昭和39）年には神奈川県から県立相模原養護老人ホームの経営委託を受けた。

シルバータウン相模原も1969（昭和44）年に経営委託を受けた県立相模原特別養護老人ホームが母体である。シルバータウン相模原は、現在、一般社団法人日本ユニットケア推進センター（以下、同センター）の実地研修施設としての認定を受けているが、そのような経緯もあり、ユニットケアを展開している施設のみならず、従来型の特別養護老人ホーム（以下、特養）も併設されている。その従来型の特養では、カーテン仕切りの多床型居室もあれば、天井まで届くパーテーション型居室もあり、日本の老人福祉施設の形体的発展の展開を垣間見ることができる。

管理栄養士としての施設の思い

シルバータウン相模原の施設長の金子智代美氏は、当同胞援護会の常務理事であるとともに、介護分野を統括する責任者（施設長）でもある。金子施設長は、日本福祉栄養士会の会長も勤められた杉橋啓子氏の勧めで、この同胞援護会に就職された管理栄養士である。それだけに、施設で1日3食365日欠かさず提供する食事への思いとこだわりは強い。当施設の管理栄養士である岡本裕子氏共々「生きる意欲の根源は食にある」との思いと熱意で日々頑張っておられる。

入所型社会福祉施設における「食」の位置

　我々は自分の命を維持するために"当たり前"のように食事をとっているが、改めて入居型施設、入所型施設における「食」の位置、機能、役割とはそもそも何なのであろうか。

　筆者は、1970（昭和45）年から4年間、女子栄養大学で助手として働きながら、栄養学を学ぶ学生たちに社会福祉学を教えていた。当時、夏休みの宿題として履修学生に課したものは、入所型施設の食事の栄養学的分析であった。残念ながら、その当時の学生が分析した入所施設の栄養学的分析のレポートは、手元にはないが、その当時から入所型施設の「食」の在り方が気になっていた。

　入所型施設の種類、例えば乳児院、児童養護施設のように人間形成過程における毎日の食事は単なる生命維持のエネルギーを供給するためだけでなく、食事を囲んで何気なく料理のことや生活のことを語る中で、知らず知らずのうちに語彙を覚え、味を覚え、生活のしきたり、習慣等を身につける場でもある。あるいは障害児者施設では、食事をとることがリハビリテーションの一環としてより意識される場合もある。

　したがって、入所型施設における「食」の位置、機能、役割を、といっても、その捉え方、重視している事項もおのずと異なる部分があるのは当然であるが、あえて家庭とは異なる場面でサービスを提供する入所型施設における「食」の位置、機能、役割を整理し、その考え方を意識化するとすれば以下のような項目が挙げられる。

---

① 生命保持のエネルギー補給としての「食」
　ⅰ．生命維持に必要なカロリー摂取
　ⅱ．必要な栄養素を摂取するバランスの良い食事
② 生きる意欲、生きる力を生み出す「食」
　ⅰ．食べたいものを食べる――選択できる力
　ⅱ．食べたいものを想定し、準備をする
　ⅲ．食事を準備する力、片付ける力（食材の買い出し、金銭管理、調理技術、後片付け等）
③ 食文化
　ⅰ．幼いときに味わった食材、出汁、料理の種類
　ⅱ．食事にまつわる思い出
　ⅲ．食事の際の匂い、香り
　ⅳ．食事を作る際のまな板の音等
　ⅴ．食事の際の作法、
　ⅵ．食器の美しさ、食器へのアイデンティティ
④ 心身機能と「食」
　ⅰ．嚥下能力
　ⅱ．食形態
　ⅲ．療養食
⑤ 食事を通した交流、社会参加
　ⅰ．食材、出汁、季節感、料理の種類・名前をめぐる会話
　ⅱ．緊張が解けて会話が弾む

　同センターが推進する「ユニットケア」は、限りなく個人の尊厳を尊重し、その人ら

しい生き方、その人らしい自己実現を図ることを理念、目的にしている。その理念、目的からすれば、上記の「食」のあり方の内、①の生命保持のエネルギー補給のための食事の提供ということだけでは、とてもその考え方は受け入れられない。

　このような問題を論議するとき、往々にしてでてくる論議が、"やりたくても制度が悪い"、"今の制度の枠組みでは、したくてもできない"等といった意見もあるが、はたしてそうなのであろうか。

　制度等の制約を述べる前に、そもそも入所型施設において、「食」を経営上どう位置づけているかという施設経営を行う社会福祉法人のケアの考え方、サービス提供の考え方の哲学、理念がそもそも問われなければならない。

　同センターが推進する「ユニットケア」において、食事はどんな位置づけをされているかを述べたい。

①食事は「美味しい」、「楽しい」がキーワードである。したがって、単にカロリー計算や栄養のバランスを考えるだけではなく、食器を"マイ茶碗"にしているかとか、お箸も"マイ箸"にしているかとかも気をつけている。その上で、盛りつけはどうか、料理の暖かさはどうかにも気をつけている。まして、その人がもっているアレルギーに対しては細心の注意が払われる。
　また、毎日の食事では、多くの人がそのときの体調、気候の関係、気分によっては食事内容を変えて、選択したい。それと同じように、できるだけ入居者の要望を適えるために、自分が食べたいものを外から取り寄せたりすることも考えられるし、自分の好みの嗜好品、副食を常備しておき、それらに対応できるようにとも考えられている。
②人間は体内時計を有しているので、個人個人生活リズムが違うといってもそれほど日常のタイムスケージュール、とりわけ起床時間に違いがあるわけではない。それでも、体調によっては起床時間も異なるであろうし、食事の摂取意欲も異なる。その点は一人ひとりの24時間の生活リズムをきちんとアセスメント（24Hシート）をすることにより、その人の生活リズムに基づく対応が可能となる。
③人間は毎日の生活において、おのずから役割を担い、その役割を遂行することで"生きがい"を感じ、かつその遂行により他者から評価されることで成長し、生きる喜びを実感する。したがって、何でもかんでも他人からしてもらうことは感謝こそすれ、その人の生きる喜び、生きがいには必ずしもつながらない。そのように考えたとき、多くの女性が現実的な生活の中で担ってきたであろう「家事」の中でも「食事」における料理を作ること、料理を配膳、下膳すること、食器を洗うことなどに関し、強制されることなく、残存能力を活かしてユニットの中で手伝うという行為がなされるなら、それも「ケア」の重要な視点であり、営みである。現実的には、多くの特養において要介護度が重度化してきている状況では難しいが、考え方として忘れてはならない視点である。

　このように、入居施設、入所施設における「食」の問題一つをとっても、そこにどれだけ人間性の尊重、個人の尊厳が「ケア」の理念として意識されているかが重要になる。

　シルバータウン相模原の「食」にかかわる実践は、同センターが推奨してきた「食」の文化、生活における「食」の位置を重視したユニットケアを推進しており、高く評価できる。

● 施設・法人の概要 ●

住　　所：〒252-0331　神奈川県相模原市南区大野台５－13－７

法人名：社会福祉法人　恩賜財団神奈川県同胞援護会

施設名：特別養護老人ホーム　シルバータウン相模原

ユニット数：ユニット型　９ユニット　定員　88名　：従来型多床

利用形態：特養　定員170名　短期入所定員　11名

利用者数：定員　170名　短期入所定員　11名

職員数：150名

開　　設：1969（昭和44）年６月５日

法人常務理事、施設長：金子智代美
　　　　昭和55年４月入職　平成25年４月より現職
　　　　管理栄養士、社会福祉士、介護支援専門員

連絡先：電話番号　042（755）0301
　　　　FAX番号　042（753）8475
　　　　ホームページ　http://www.kanagawa-doen.jp

第 **5** 章

本人の意向確認、意思表明の保障こそがケアの原点

社会福祉法人 こまくさ福祉会
特別養護老人ホーム 白駒の森
澤田 キヌ子

● ケアの哲学と実践に向けた考え方 ●

1 「本人の意向確認、意思表明の保障」を重視する意味（背景にある考え方）

　社会福祉法人こまくさ福祉会は、2005（平成17）年12月にユニット型個室、特別養護老人ホームである白駒の森（以下、当施設）を創設した。開設当時、「ユニットケアとは？」「一軒の家？」「高齢者の暮らし？」「暮らしと生活では何が違う？お年寄りを大切にするってどういうこと？」「一人ひとりの尊厳と価値観・自己決定を大切にしたケアをしたい」「寝たきりの人の価値観の尊重とは？」…とさまざまに悩み苦しむなかで、スタッフと話し合った。そして出た結論は、「お年寄りは私たちに何を求めている？」→「優しさでしょう！」

　そのためには、まず、みんなが同じ方向を向くことが必要だった。法人の理念をよく理解している、理事長が目指す方向を向いて進んでみようということになり、委員会を立ち上げた。

　施設の理念とは "利用者本位のサービスを心掛け、笑顔を忘れず、「優しさと暖かさ」のあるサービスを提供していきます（優しさの表現を工夫しましょう）"。どの委員会も理念に沿って立ち上がった。そして、朝礼時の唱和と各ユニットの目標が理念に沿ってつくられた。

　最初は「その方らしい暮らしと、住まいと思える環境づくり」に力を入れてきたが、大切なのは、よく考えるとその方を大切に思う心と、もし自分だったらどうしてほしいかにあると気づいた。例えば、家族が足まめに通える施設、家族が居室やリビングで食事やお茶をしてくつろいでいる姿など、である。

● 「大事にしてほしい、いつまでも元気でいたい、下に関しては世話になりたくない」（プライドの維持）

● 寝たきりにならずに「いつまでも自分でおいしく食べて、いつまでもトイレですっきり排泄、ぐっすり眠る」普通の自分らしい暮らし

● 住む場所が変わっても、一人ひとりがいつまでもお元気で、今までの暮らしを続けられるような暮らしの支援

　しかし、一方で、特養は2015（平成27）年度から、介護度3以上が入居することになり、国が重度の方を支援することを評価し、介護度4・5、認知度Ⅲ以上（日常生活に支障をきたし介護を必要とする）が65～70％以上入居していると日常生活継続支援加算が加算されている。

　本人はもちろんのこと、ご家族も私たちも "どんなに重度化してもその方らしい暮らしを続けていただく" "いつまでもお元気で暮らしていただきたい" という想いは変わ

本人の意向確認、意思表明の保障こそがケアの原点 ● 第5章

らず、重度化を予防することで入退去が少なくなり、入居者も職員も穏やかに支援ができ、馴染みの関係が続く、ご家族との信頼関係も良好となった。特に、食事介助者の増加は、ユニットケアの崩壊を招く。これまでの経験からユニットに4割以上の食事介助者がいると"その方らしい暮らし"は成り立たない。ユニットケアを維持するためには重度化予防が大切になった。

2 「重度コミュニケーションの保障」のための実践的方法と運営論

「ウンチがすっきり出ればおいしく食べられる」「ウンチが出るようになったらぐっすり眠れるようになり笑顔が多くなった」「ウンチが出ると嘔吐もなく急変がない」「笑顔が多くなり自分で食べられるようになった」ケアの目標は、究極的には"おいしく食べて、すっきり排泄、ぐっすり眠る"といった普通の暮らしを支援することである。

"介護は科学"といいながら、なかなか根拠が見えないなか、10年が過ぎたころ、見えてきたことは以下のことである。

・インフルエンザやノロウイルスなどの感染症が1件もない

・転倒骨折などの事故が少ない（医療を要する事故は年に1～2件くらい）

・急変が少ない（13年で脳梗塞2件、脳出血は2件、心筋梗塞2件、腹部大動脈瘤破裂3件）

・通院が少ない

・嘱託医の意向もあり投薬量が少ない、また、こまめに見直しをするので投薬期間が短い

また、開設当初からプライドを維持する目的で入居者ご本人と相談しながら、①全員トイレでの排泄、②テープ式オムツや紙パンツは0％、③全員綿パンツ＋その方に合わせた安心のためのパットを使用、④食事は噛んで食べる、選んで食べる常食8割、ソフト食2割を維持、⑤トランスファー技術（法人独自のこまくさトランスファー）を極め、利用者の90％が個浴できる体制をつくる、⑥食べる、しゃべる、ねじる、よじる、腸腰筋のしなやかさを維持していただく、といった支援を実施した。

その間に、理化学研究所の辨野先生やヤクルト研究所の早川先生のほか、多くの専門の先生からご指導をいただくなかからわかったことは、以下のことだった。

①体を冷やさない（血液循環をよくする）

②腸内環境を整える（食へのこだわり、噛んで食べる、免疫ビタミンLPS食品と乳酸菌EPS食品、）

③腸腰筋のしなやかさを維持（自分で食べる、いつまでもトイレで排泄）

65

④笑顔を絶やさない（副交感神経を優位にする）

⑤高齢者の尊厳を大切にする（感謝）

　どこの施設もいつまでもその方らしく、暮らしていただくために四苦八苦しているのが現状だと思う。職員体制が問題ではなく、知識と根拠のある技術が大切と感じている。24時間軸のデータがあり、職員も自信をもってチームワークで関われることが可能となる。

（1）体を冷やさない（血液循環をよくする）

　血流障害は頭痛、肩こり、腰痛、食欲低下、頻尿、便秘、排尿障害、胆石等の胆道障害を、リンパ球の減少はウイルス感染やがんの発生を招き、悪化させるなどの要因・原因といわれている。そのため、体は冷やさない。体が冷えると血流が悪くなり血液が汚れて免疫力が落ちるほか、下肢の浮腫や病気になりやすい、症状が悪化するなどの影響がある。

●具体的事例

・昼夜の温度差が10度以上になったら要注意

・朝方の冷えで抵抗力を落とすことがないように、夜勤者は足元のかけ布団をかける（かけられるように準備しておく）

・エアコンは外気温の－２～３度28度以下にしない

・冷房を入れたときは冷たい空気は下がるので足首が冷たくなっている。そのため、座っている方に膝掛けを膝にかけるのではなく、腰から下を、下からくるむ、足元の冷えを防ぐ

・できるだけ半袖は控える（薄い生地の長袖の服とする）

・冷外気を避ける、（エアコンによる体力消耗を防ぐため）

・薄地のズボン下を履いてもらう

・暑く感じるときは30～50gの保冷剤２個を薄いタオルで巻いて、両頸部（耳の下）に当たるように首に巻く

・風呂は、夏でもシャワーではなく浴槽にしっかり入り、温熱・水圧・浮力で立ち上がる、腸腰筋をしなやかにする、血液の流れをよくする

・入浴後は必ずベッドで10～20分休む

・必要水分は入浴前または休憩後に飲む

・発熱がある以外は、清拭ではなく入浴をする

・重度の方、または看取りの方は、体力消耗を防ぐ意味でタオルケットにくるんで外気に触れない入浴法を、短時間で寝浴で（２人で）支援する

（2）腸内環境を整える（食へのこだわり、噛んで食べる、免疫ビタミンLPS食品と乳酸菌EPS食品）

①腸内環境と腸内細菌の関係

　腸内細菌の働きとして、①病原菌を排除する、②消化を助ける、③ビタミンを合成する、④幸せ物質の前駆体を脳に送る（セロトニン、ドーパミン）、⑤免疫力をつけるといったものがある。

　脳の快楽物質であるセロトニンの90〜95％が、腸でつくられている。睡眠物質メラトニンもドーパミンもセロトニンからできている。ちなみにセロトニンの原料は、必須アミノ酸トリプトファン（納豆、牛レバー、チーズなど）。

　腸内環境を整えることは、便が出ることではなく、腸内細菌の善玉菌（ビフィズス菌など）が２割、悪玉菌（ウエルシュ菌）が１割、日和見菌７割が理想の環境といわれている。

　免疫力の70％は腸でつくられ、30％が心でつくられる。そのうちほとんどが副交感神経が影響しているという腸内環境を整えることにより、感染症が発生しない、認知症の方が穏やかになる、アレルギーが減少するなどの効果がある。

②免疫ビタミンLPS食品と乳酸菌EPS食品

１）免疫ビタミンLPS食品

　繊維の多い野菜根菜等で免疫ビタミンLPS食品（体のなかの自然免疫力を高める成分）を入居者の好みに合わせて提供してきた。免疫ビタミンLPSは、白血球の仲間でウイルスや細菌を食べて体のなかを掃除してくれるマクロファージ細胞を活性化する食品。

　また、発酵食品、納豆や乳酸菌（カスピ海ヨーグルト＋オリゴ糖）と一緒に食することで相乗効果でさらに免疫力がアップする。ウイルス、特にインフルエンザ予防などにつながる。さらに体をこする（皮膚を摩擦）と免疫ビタミンLPSが増えるという。入浴後、皮膚が温かいうちに丁寧に全身に美肌水を塗っている。

２）乳酸菌EPS食品

　毎日飲んでいるカスピ海ヨーグルトのねばねばや山芋のヌルヌル、納豆のとろとろ、わかめやめかぶのヌルヌルも腸粘膜を保護し免疫力を高める性質の食物繊維で、整腸効果が期待できるのが乳酸菌EPS。

　この乳酸菌EPSがウイルスやがん細胞を食するNK細胞を活性化し、さらに体を温めると血液の流れをよくする。また、NK細胞とマクロファージが連携しながら全身をパトロールして体内の不要物を食べつくし免疫力を高め、病気になりにくい。また、乳酸菌EPSは人の消化液で分解されずに食物繊維と同じ働きをして腸の内容物を押し出す。大腸の内容物を押し出すということは、お通じがよくなるということである。

③具体的事例

- 便状は、いかにも胆汁の分泌良好な黄褐色の便で、目標は1日1ｍ。浮くウンチがよい
- 下剤や浣腸、摘便はしない
- 食へのこだわり（野菜根菜などの免疫ビタミンLPS食品と乳酸菌EPS食品の効果）
- ぐっすり眠ることで免疫力が高まることもわかったため、夜間の体位変換はしない、オリジナルビーズクッションで除圧のみにすると、個人差はあるが22～23時から3～4時ころまで、排泄がないことがわかった（排泄交換は、レム睡眠のときにする）
- 排泄があるときは、ぐっすりと眠れていない、アセスメントする。朝日を浴びてメラトニンが消える14～5時間後のメラトニンが出るころに就寝支援をすると深くノンレム睡眠に入る
- 発酵食品（カスピ海ヨーグルト、納豆、漬け物の工夫）低脂肪で食物繊維が豊富な食事で、納豆が好きな方は納豆（トリプトファン）に少量のオリゴ糖またはメカブ、しらす、大根おろし
- 便が硬かったり、出づらいときは、不溶性食品（例えば、キノコの佃煮、ふきの佃煮や漬物、たけのこの佃煮、きんぴらごぼう、ごぼうと鶏肉の旨煮、筑前煮、サツマイモ、ひじきなど）
- いつまでも噛んで食べる工夫、常食は8割、ソフト食2割を維持

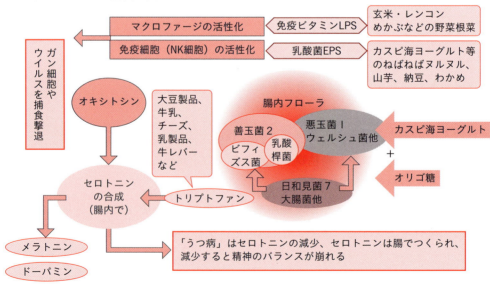

腸内フローラと細菌の働き

(3) 腸腰筋のしなやかさを維持（自分で食べる、いつまでもトイレで排泄）

　ベッドから自分で降りる工夫、ねじる、よじる、浴槽内で浮力で立ち上がる、車椅子から椅子に移乗して食事をするなど、重心を移動することにより腸腰筋のしなやかさが維持され、トイレでいきめる排泄ができ、自分で食べることができる。

(4) 笑顔を絶やさない（副交感神経を優位にする）

・シーソーのようにバランスのとれた自律神経が大切。副交感神経が優位な生活と癒されくつろげる環境、副交感神経が優位になる環境への心遣い、優しい言葉、温かい心と手、交感神経を刺激しない（嫌だなと思わせない）関わり

・優しい言葉、笑顔、温かい心と感じる笑い。心からの感動を生む笑いが眠っている遺伝子を発現させレジリエンス（精神的回復力）を高めることが科学的に証明されている（高柳和江先生）。生きる意欲につながる。笑い・癒しは免疫力をアップさせる。

・職員が笑顔で関わる、働く。ぐっすり眠る、腸内環境を整えるなどの健康維持につとめる、セロトニンが不足すると不眠やうつ病、自律神経失調症になりやすい。

(5) 高齢者の尊厳を大切にする（感謝）

　「日本の平和を支えてくれた皆さんに、住み慣れた我が家と別れて偶然お会いした。」という気持ちで介護にかかわる。

・耳が遠い方には補聴器や集音器の利用、文字盤、歌を歌うことで発語が多くなる。そして、笑顔と目でコミュニケーションをする。

・遷延性意識障害で意思疎通が困難な方には、入居時に家族から好みの食事、嫌いなものを聞きとり、リビングで胃ろうから好みの食品、例えばお味噌汁、そば汁、ラーメンの汁、コーヒー、緑茶などを注入しながらその食品の思い出を繰り返しお話しすることにより、表情の変化に気づく。そして、目の焦点が合うようになる、リビング周りの方の声に反応したり、会話に耳を傾けていたり、テレビの音やニュースを聞いていたりして、涙ぐんでいたり、微笑んでいたりする。

・好みの音楽を聴くことにより表情が変わる。また、指先が動いていたり眉間のしわがとれていたり、頬の筋肉が緩んでいたり、それに気づくケア。

・訪室のたびに観察、それも腸内環境を整えることで見えてきた。腸内環境と自律神経は網目のように織りなす組織だった。

私たちが目指す網目のようにつながる手と思い（支援）

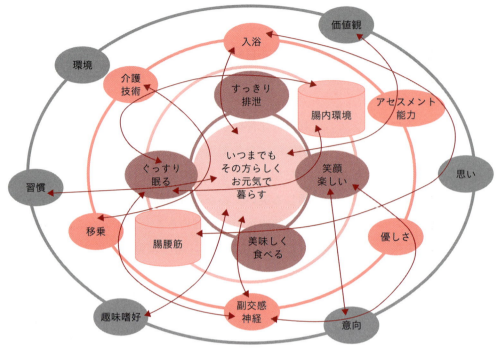

● 実践レポート ●

3 事例

(1) 実践例1

　90歳女性、数年前に陰部ベーチェット病で手術、第5腰椎の悪性腫瘍摘出、下半身まひ、放射線や抗がん剤を投与、多臓器に転移、幻覚等のせん妄もあり向精神薬を服用、入退院を繰り返していたが看取りを宣告され、2年前に当施設に入居となった。

　病院では毎日下剤を服用、3日おきに浣腸・摘便。入居後は下剤を中止し、紙おむつから綿のパンツへ変更。納豆が嫌いなため、大好きなオクラとメカブを朝食に召し上がり、食後にカスピ海ヨーグルト150g＋オリゴ糖少量を飲んでいた。その結果、便通は良好となり、せん妄もいつの間にかなくなった。腫瘍は消えることなくそのままで、もともと不定愁訴も多かったが、時々胃痛を訴える程度で現在も健在。セロトニンには痛覚を抑制する効果があるという。

(2) 実践例2

　100歳女性、直腸がん、子宮・卵巣に転移、性器出血あり。全身の浮腫、強度の腰痛、便はほとんど出ない。看取りを宣告されショートステイで入居。

70

本人の意向確認、意思表明の保障こそがケアの原点 ● 第5章

　紙おむつから綿のパンツへ変更、映像では腫瘍が両側から直腸を絞めており、排便は無理かと思いながらも、最後に何とかお好きなうどん・そうめんでも食べていただきたいという思いで関わり、ドレッシング用の亜麻仁油とカスピ海ヨーグルト＋オリゴ糖を（50度くらいに温めて）飲んでいた。

　すると、1～2日後から、細い油でぬるっとしたような便が出るようになった。それからは毎日毎食飲んでいただき、うどんやラーメンも食べて、動くことで全身の浮腫も軽減し、リビングで食事をし、一時はコーラスや日本舞踊を見に行くまでになった。冬に入居し、翌年の寒い冬の1月末にご家族に見守られ、難聴だったが最後まで意識があり、痛みを訴えることもなく、感謝の言葉を繰り返し、笑顔で天国に旅立った。

(3) 実践例3

　74歳男性、70歳のとき、人間ドッグで腹部大動脈瘤と胃の悪性腫瘍を指摘され、左腸骨大動脈瘤ステント挿入術、胃がん、胃胆のう全摘手術、術後2日目に心原性脳梗塞発症、右半身完全まひ。生死をさまようが快方に向かい退院。歩行訓練中に転倒、第1腰椎脊柱粉砕破裂骨折で胸椎12から第2腰椎に人口骨充填後方固定術を施行、6か月後退院。入院中、誤嚥性肺炎を繰り返し、ベッド上安静で退院となる。慢性心不全（左心肥大）アルツハイマー型認知症（HDS-R　8点）診断で老健入所、2日後再度、誤嚥性肺炎で救急搬送。

　その後、当施設入居、指示はリクライニング車椅子45度で移動、食事体位は30度、トロミ付き流動食全介助の指示。排便は下剤服用、3日排便がないときは浣腸摘便。全身の浮腫と仙骨の褥瘡、右肺は無気肺、病院で看取りといわれ自暴自棄になって「テレビもラジオもいらない、音楽も聴かない」という（妻はピアノ教室をしており、音楽一家）。（HDS-R　11点）失語症？発語は単語のみで構音障害。紙パンツから綿のパンツ＋尿取りパットに変更、排泄意はない。褥瘡を1日も早く治す目的で入浴。座位能力と下肢の支持能力もあり車椅子に移乗しても痛がらない。茶菓のカボチャをおいしそうに食べている、リビングでソフト食を左手でスプーンを使って自分で召し上がる。ソフト食の食材を70％にする、カスピ海ヨーグルト＋オリゴ糖、目標は"好きなラーメンが食べられる"、毎日朝食後に排便目的でトイレに誘う、3日後に有形の黄褐色の排便。その後トイレに座ると毎日有形の便を多量にするので職員は感動した。排便時に痛がらない。野菜根菜が好きで食欲もあり噛んで食べる。社会との関係を維持するために居室にテレビを置くとテレビが大好きになる。朝から晩まで見ている。趣味の吹き矢で無気肺改善。3か月後、泣きながらビールを飲みラーメンを左手に持った箸で食べている。職員の意欲を盛り上げて下さった一場面。（HDS-R　16点）6か月後、左手で囲碁、ラビット歩

71

行器で歩行練習。ほぼ会話ができる。目標は"息子と飲みに行く"HDS-Rと歩行能力の改善はなかなか進まないがゆっくり見守る。

4 実践を通しての課題

　暮らしを支援していくなかで見えてきたことは、支援の方向性と施設の理念に向きあうことにより職員の人間性・モラルの向上、ケアの質が向上することであった。いつまでもお元気で暮らしていただく、重度化を予防するということは腸内環境と腸腰筋のしなやかさ、自律神経がおりなす網目のように組み込まれた体内の組織（仕組み）に逆らわないことだった、しかし、関わる職員全員がその網目のような仕組みを理解し、支援につなげるということの難しさも感じている。

　多方面から情報を得ながら根拠のある支援技術・知識を職員全員に確実に浸透させる必要がある。一方で、一人ひとりの趣味において目や耳で楽しむなどの工夫をしたり、重度化するとなかなか家族も職員も外出を躊躇してしまうが、花見やドライブ、買い物など目で楽しむ、ちょっと雰囲気を変えて外食など、できるかぎり入居者の好みに合わせ、快適に過ごせるように環境にも配慮し、支援していこうと考えている。

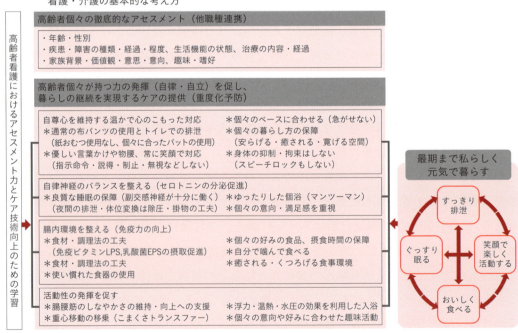

施設訪問レポート

高齢者の特性を踏まえた根拠のあるケア技術の開発とその成果

コメンテーター：小野 幸子
訪問：2018（平成30）年8月13日

入居者だけでなく、来訪者も楽しませる施設空間

　社会福祉法人こまくさ福祉会特別養護老人ホーム白駒の森は、茅野駅より徒歩5分、車で諏訪インターより10分と、地の利がよく、開設10年余りの2階建ての和風の建物である。広い玄関に入ると、吹き抜けになっており、前面に広がるガラス越しの中庭の美しさは、施設というより"素敵な日本旅館"を思わせる。

　その印象は、中に入るとさらに増し、障子で仕切られたラウンジは、広い空間に落ち着いた色の絨毯が敷かれ、籐のテーブルと椅子の設え、生き生きとした花や絵画、うるさすぎない季節物などが飾られ、ゆったりしている。そこで、テレビをみている入居者や、来訪者と思われる方と語っている入居者などが見られた。

　そして、1ユニットが9の個室からなる、各階4つのユニットは、天井が高く、木や障子を基本とし、各ユニットの入り口上部には、緩やかなカーブの偉大な木板に達筆な墨で描かれたユニット名、各居室の利用者の表札も同様のものである。また、十分な広さの階段や廊下のほか、棚に植木鉢の花木（植木鉢は施設長の創作によるもので、さまざまな形・大きさ・色の花瓶に穴が開けられ、おしゃれな食器皿を受け皿として活用されている）や生け花がふんだんに飾られるなど、いずれも入居者のためだけではなく、来訪者をも楽しませるものである。

　また、ユニット間の広すぎず、狭すぎないゆったりした空間は、布・皮張りとともに籐製のテーブルと椅子が置かれ、十分にくつろげる環境であった。このようなことから、まず、木材をふんだんに使用した日本的建物や品のある設え、十分な広さの空間で暮らすこと自体が、入居者に生活の豊かさを感じさせ、自尊心の維持にもつながると捉えられた。そして、人生の終末にある高齢者の「自宅でない在宅」としての「暮らしの場」のあり方が探究・重視されていることが伺えた。

　さらに、視察中に出会った職員の方々は、いずれも立ち止まって笑顔で挨拶され、来訪者としては歓迎され、しっかり受け止められている安堵感がもてる対応であった。

13年間の試行錯誤の末、結実したさまざまな成果

　当初1、2時間の予定の視察は、施設長より、入職してからこれまでの数々の取組みに関する説明をはじめ、介護職同士の演習にも参加させていただいたこともあり、5時

間にも及んだが、最後まで快く対応してくださった。具体的取組みは、実践事例とともに施設長が著しているため、詳細はそちらに譲るが、特筆すべき成果の主なものを挙げると、

①浣腸０名、摘便０名
②紙おむつ０名で、全入居者が通常の布パンツ（パッドを併用）を着用し、大半がトイレでの自然排泄
③十分な睡眠確保により、夜間頻尿者がなくなり、日中の活動性が高まり、食欲も出て、元気な高齢者が増加、また、これにより夜勤の介護職が十分に休養できるとともに、入居者に余裕をもった対応が可能
④受診者の減少
⑤施設開所以来、感染者０名
⑥新規入居者について、入居者個々のその人らしさを活かした適切なケア方法を見出すまでは、多職種で連携して十分に時間をかけることが職員間で徹底
⑦腰痛の職員が０名

などである。いずれの成果も施設長自らが、施設理念やユニットケアの意味を紐解き、その実現こそが自己の役割という強い信念のもと、各職員が理念を日々のケアに具現化できるよう志向・思考・試行して、入居者の立場から評価し、適切性を求めるというあくなき探究によって得たものである。

それは、常に入居者中心のケアの探究であり、入居者の本来の姿、ありたい姿と現実とのギャップを埋める取組みとも捉えられた。これらは施設長が関連著書から新たな知見を得、専門家を訪ねて教示を受け、現場で試行錯誤を繰り返して創出したケア技術の結果と捉えられた。

施設長は「一般家庭でごく当たり前のことが施設で試行錯誤しながら13年かけてやっと見えてきただけです」と述べていたが、高齢者の特性を踏まえた根拠のあるケア技術の開発として高く評価できるものである。したがって、特養の入居者に限らず、病院や自宅など、いずれの高齢者にも適用可能であり、実効的で、高齢者ケアの質向上に繋がるものと捉えられた。

また、施設長は、「ユニットケアを理解して実現化・定着化するのに７年を要した」「入職当時、職員の入居者さんに対する荒っぽい言葉かけが気になり、まず、日本の平和を支えて下さった入居者さんに、笑顔で丁寧に対応することを徹底させることから始めた」「介護職員の採用時の最優先事項は、優しく笑顔で接することができることとし、

ケア技術は入職後に研修できる」と語った。

　これらは人間対象の職業人に共通すると、改めてその意味を考える機会になった。また、生き生きとした入居者に出会えただけでなく、介護職員2名が教授者になり、各ユニットから1名の参加介護職員を対象に、入居者の持つ力を最大限に、かつ介護者の負担を最小に開発されたキネステティクの技術を応用した「こまくさトランスファー」の演習が行われていた（私も患者役とケア提供者役を体験）が、ケア技術を高め合うことを通例にした仕組みづくりも感動的であった。

　最後に、15年以上にわたる特養看護職との関わりを通じて、これまでも大変有能な看護職の方々との出会いがあったが、今回、再び出会えたことに"心より感謝"である。福祉施設という看護実践現場において、看護職の施設長は全国的にまだ少ない。

　施設長が、施設長および看護職として、使命感と信念をもって取組み、確実に成果を挙げているケア技術を広く公表・周知することは、高齢者ケアの質の向上につながることであり、老年看護学の基礎・卒後教育者として、その役割を果たしたいと考えている。

　ユニット型特養というハード面が整っていても、ユニットケアが実現できていない施設が少なくない。また、施設によるケアレベルの大差を打破することが求められている。理念をいかに具現化していくかという観点から、各施設において今一度、追究する力の発揮が求められていると考える。

● 施設・法人の概要 ●

住　　所：〒391-0001 長野県茅野市ちの3000番地1

法人名：社会福祉法人　こまくさ福祉会

施設名：特別養護老人ホーム　白駒の森（長期72名、短期5名）

ユニット数：1ユニットの定員とユニット数／8人×1ユニット、9人×1
　　　　　　ユニット、10人×6ユニット　合計8ユニット

利用形態：特養／短期

利用者数：77名
　　　　　平均要介護度／4.2
　　　　　平均年齢／91歳（95歳以上が25%）

職員数：職員数／94名
　　　　職員比率（常勤換算）／介護職員のみ（1.6：1）

開　　設：2005（平成17）年12月1日

施設長：澤田キヌ子
　　　　1966年高等看護専門学校卒業、国・公立・私立病院看護師として
　　　　勤務を経、2000年介護保険・福祉に興味を持ち老健、特養のケア
　　　　に感動、2005年ユニット型特養白駒の森にて施設長補佐、2011年
　　　　から施設長

連絡先：電話番号　0266-82-7500
　　　　FAX　0266-82-7575

第 **6** 章

看取りを尊重できることが
究極のケア、ケアの根源
──「死に方支援」のソーシャルケア──

社会福祉法人 久義会
特別養護老人ホーム 高秀苑

田中 智子

● ケアの哲学と実践に向けた考え方 ●

1 看取り介護に取り組んだきっかけ

　特別養護老人ホーム高秀苑（以下、当施設）が開設した頃（2004〈平成16〉年）、当施設の入居者の平均要介護度は3.2と比較的元気な方が多かった。世間では「特別養護老人ホーム（以下、特養）は『終の棲家』」と言われてはいたが、当施設の職員も入居者の家族も、当時はまだ「施設で看取る」という考えもなく、入居者の最期は「病院でできる限り、延命治療をして迎えるもの」だと思っていた。

　医療経済研究機構が発表した、2005（平成17）年3月の介護保険3施設における調査結果によれば、利用者の死亡が予想される場合、特養の約5割が「速やかに病院等に移す」としており、「施設内で看取る」とする特養はまだ約2割であった。ところが、2006（平成18）年4月より、介護報酬において看取り介護への対応に関する重度化対応加算（現・廃止）が創設されたことを機に、看取り介護サービスを取り入れる特養が多くなってきた。また、2010（平成22）年頃から自然死という考え方が広まってきたことにより、特養での看取りがさらに増えていった。

　そのようななかで施設入居者の家族から「病院ではこれ以上治療することがないと言われた。できれば施設に戻りたいが、施設で看取りが可能かどうか」という問い合わせがあったのをきっかけに、当施設でも、看取りについて職員皆で取り組むことにした。

2 施設で看取りをするための課題と準備

　施設で看取りを実施するためには、看取り介護の指針やマニュアルづくりをはじめ、看取りに対する理解を深めるための介護職員や他職種に対する研修の実施、配置医師との連携体制、入居者およびその家族との話し合いや同意、意思確認と対応方法などが必要になる。

　施設は暮らしの場であり、看取りは日々のケアの延長線上にあって特別なものではない。高齢者介護の基本は「尊厳の保持」であるので、入居者がその人らしい人生を全うできるように日々の暮らしを支援していかなければならない。

　ところが、職員に看取りの研修を行ったとき、核家族化の影響もあってか、人の死を体験したことがないため「死」に立ち会うのが怖いと思っている職員が多かった。そこで、どんな人にも「死」は必ず訪れることであり、避けては通れない。その方の死に関われることは、大変意味のあることだと理解してもらうための説明が必要であった。

　また、看取り実施時、経験の浅い介護職員が夜勤の場合は、少しでも不安を取り除く

ために、他職種（施設長、統括、相談員、ケアマネジャー、看護師など）から１名、見守りのサポート役をつける体制をとることにした。

配置医師（非常勤、開業医）にも、看取りに関する施設の方針について説明し、協力を求めたところ、医師は在宅医療でも看取りを実施していたため、施設での看取りには理解を示す一方、以下のことを整える必要があると指摘をもらった。

①施設でできる医療行為には限度があり、入居者や家族に説明し理解してもらう必要があること

②看取り実施を決めるには、日々介護している介護職員や看護師、他職種などが入居者の状態をしっかり把握し、皆でカンファレンスを行いその結果により、看取りを開始するかどうかを検討すること

③入居者または家族に説明する必要があり、看取りに関するカンファレンスでの情報も必ず連絡すること

④夜間看取り時の取り決めについては、施設として入居者および家族に説明し、納得してもらっておくこと

病院で看取りの経験がある看護師であっても、施設での看取りには賛成してくれたが、不安はあった。病院では心電図モニターなど、さまざまな機器があるので状態把握は容易である。しかし、施設にはそのような機器はなく、入居者の呼吸や皮膚の状態、血圧、サチュレーション（動脈血酸素飽和度）、脈拍などから判断するため、家族から「あとどれくらいもちますか？」などと聞かれても、予想がつかず、返答に困るケースが想定されるというものであった。

入居者とその家族に対しては、入居時に、施設における看取り介護指針の説明を行い、施設での看取りの希望を聞いているが、あくまでも入居時点のものであり、変更が可能なこと、そして看取りが間近になれば医師から説明を行い、その時点で決めてもらってよいことを伝えている。その際には、家族あるいは親族（兄弟姉妹）間で看取りに対する意思統一のお願いと連絡先はキーパーソンでよいのかどうかの確認もしている。

また、家族に対して看取りについての研修会を開催し、入居者の終末期の状態の変化やその時にできる医療的なケアとできないケアなど、できるだけ具体的に説明したところ、家族として特養入居時からある程度覚悟はできているが、やはりそのときにならないとわからないといった意見が多かった。

そうして、施設で看取り介護を実施するための指針を作成したが、実際に看取りをする度に、入居者一人ひとりそれぞれの経過が違ったり、家族の希望や実施内容も変化するため、まだまだ内容を検討する必要があった。そして、最も大事なこととして、入居者が少しでも安らかな最期を迎えることができるような内容にする必要があると考えた。

●●●● 実践レポート ●●●●

3 当施設での初の看取り

　当施設で最初に看取り介護を実施した入居者Aさんは、施設で脳梗塞を起こしたため病院に救急搬送したが予後悪く、病院ではこれ以上治療することがないと説明されたため、施設で看取るために帰ってくることになった。そのときはすでに声かけに反応もなく、かなり重篤な状態であった。配置医師は家族に今後予想される身体の状態の変化について説明を行い、施設は看取りについての方針と介護指針の説明を行った後、看取りの同意書にサインをもらい、施設での看取りを開始した。

　看取り介護指針に基づき、以下のようなケアを行った。

①介護職員と看護師が交互に1時間ごとに（30分間ずつずらしているため、実際は30分ごとに）入居者の様子を伺いに行く

②遅番の看護師が帰宅前（午後8時）には体温、血圧、脈拍、サチュレーションなどを測定し、ユニット職員に申し送る

③経験の浅い職員が夜勤の場合は、サポート体制をとる

　一方、介護職員はケアの度に声かけをし、大好きだったコーヒーやたこ焼きなど、匂いを感じてもらえるものを部屋へ運んだ。家族の協力もあり、部屋の中は花で飾られていた。職員皆が初めての看取りだったが、不思議と恐れることもなく、できることが何かないかと一生懸命考えてくれた。

　やがて、病院から帰ってきた5日後の昼間に、Aさんは亡くなられた（89歳・要介護度5・施設在籍年数6.4年）。そのとき、担当していた職員はベテランで他施設での看取りの経験者だったがやはりこらえきれないものがあったのか、もっと他にできることがあったと思う後悔からか涙が止まらずにいた。やはり人の死というものはかなり重いものだと感じた。

　この事例での課題は、以下のことが挙げられる。

①次の看取りにつなげるための看取り後のカンファレンスを当時は行っていなかったこと

②Aさんは、施設へ帰ってきてからは状態が悪かったが、誰も入浴（清潔の保持）について考えていなかった。病院から看取りの状態で帰ってきたので、どのようなケアまでできるのかわからなかった

　看取りの時期に関しては、特養に入居したときから始まっているという考え方もあれば、食事が食べられなくなり水ものどを通らなくなり、1日の大半を眠っているような状態になったときを「看取り期」という考え方もある。当施設では、入居したときから「看取り」は始まっており、入居者が元気なときにできるだけ希望に沿えるような支援

80

をしていき、いよいよとなった時には元気だった頃の思い出が語れるようにしていきたいと考えている。

4 看取り介護は、究極の個別ケアの実践

入居者Bさんは、入居以来、徐々に偏食が進んでおり、プリン、アイスクリーム、コーヒー、コーンポタージュ、チョコレート以外はほとんど口にしない状況で、当施設で提供している食事に全く手をつけなくなった。そんなBさんを心配した家族が、Bさんの好物であった焼肉や鰻など持ってきても食べようとはしなかった。

その後、徐々に体重は減少し、血液検査の数値も総タンパク6.1g/dL、アルブミン2.7g/dLと低下していった。そして、食事以外、1日の大半をベッド上で過ごしており、今後、全身状態の悪化が懸念されるため、施設での看取りとなった。

看取り開始後は、施設の食事ではなく、プリンなどBさんが食べたい物を提供することにした。元々、こだわりが強い性格だったので、家族が他の物を持って来ても食べようとしなかった。そして、このような状況が3年6か月続き、Bさんは帰らぬ人となった（93歳・要介護度4・施設在籍年数10.5年）。

亡くなるまでの1か月間は、ほとんど食べられなくなっていたが、3日前まではまだ意識があった。昏睡状態になってからは、ずっと家族が見守りをし、本当に眠るように穏やかに息を引き取られた。

看取り後のカンファレンスで、家族からは「自分が食べたい物だけを食べていたにも関わらず、これほど長い間生きてこられたことが不思議で、病院であればこのようなわがままは通らなかった。施設だからできたことで、本当に自分らしく生き抜いたと思う」という言葉をいただいた。

職員からは「家族も協力的で、Bさんも最期まで自分のこだわりを貫かれた。ただ、看取りの状態がいつまで続くのかわからない時があり、気がゆるんだ場面もあった」という反省もあったが、看取り介護を始めた頃と比べ、「もっとこうすればよかった」や「もっと他にできることがあったのではないか」という後悔はほとんどなかった。

当施設では、入居者63名のうち、年間約10名が亡くなっており、うち8割が看取りになっている。筆者自身、看取り介護を始めた頃は、「人の死が怖い」や「もっとこうすればよかった」などという後悔や煩悶の繰り返しだった。しかし、看取りの経験を積むことにより、職員も「入居者や家族の想いを尊重し、今サポートできることは何か？」を考え、実行し、関わるなかで、介護という仕事に「やりがい」を見出していると感じた。

■ 施設訪問レポート ■

今日の家族形態における「看取り」の形と究極の個別ケアの提供・実践

コメンテーター：**大橋 謙策**
訪問：2018（平成30）年9月12日

▌ 高秀苑の施設条件と個別ケア

　社会福祉法人久義会特別養護老人ホーム高秀苑（以下、高秀苑）は、大坂八尾市にある。住宅密集地の中に位置する高秀苑は、高齢化の進展の中で、行政からの依頼もあり、現施設長である田中智子氏の義父の心意気で建設されたという。当初、認知症の利用者のことも考えて回廊型の施設設計が考えられたが、行政からユニット型でないと補助金が出せないという、ちょうど施策の変わり目で翻弄された建物であったためか、他のユニットケアを推進している施設に比べ、必ずしも"使い勝手"がよいとは言えないと施設職員は述べている。

　しかしながら、施設を訪問させていただいて抱いた感想は、まさに個別ケアが徹底されているというものだった。ちょうどお訪ねしたときが昼食時間と重なってしまったのであるが、ある左半身麻痺の男性の方で、施設内では車いすを基本的には自走できる入居者が、昼食を自室に運び食事をされていた。周りには油絵の道具が拡げられている中での食事であった。室内には冷蔵庫もあり、中にはお酒も入れてあって、夕食のときには晩酌しながら食事をとるという。この男性と話をしていて、一瞬ここはどこなのかと錯覚をした。まさに、高齢者のサービス付きワンルームマンションではないかと思った。

▌ 定員63名で毎年10名が亡くなり、居室での看取りが80％

　高秀苑での看取りの場面には立ち会っていないが、一般社団法人日本ユニットケア推進センター（以下、同センター）の多くの実地研修施設に聞くと「看取り」は当たり前で、かつ個室であるユニットに家族が寝泊まりして「看取る」ケースも多いという。

　この高秀苑でも、定員63名で毎年10名の方が亡くなり、そのうち高秀苑の居室で看取られる方が80％にもなる。

　ユニットケアの実地研修施設には、入居者の居室とは別に、家族室があり、その部屋にはシャワールームも完備しているにも関わらず、多くの家族は親のベッドの脇にベッドを持ち込んだり、布団を敷いて看護にあたるという。

　2017（平成29）年度厚生労働省老人保健事業推進費等補助金の助成を受けて、同センターが行った「特別養護老人ホームにおける職員配置やケアの方法が与える職員への心理的・身体的影響に関する調査研究事業」では、居室で逝去された方が入所定員との比

率でどれだけの比率になっているかの調査が行われた。その調査結果によると、同セン
ターの実地研修施設では静養室などではなく、自分の居室での逝去の比率（入所定員比）
が11％以上の施設が約62％になっている。空間的に個室でプライバシーの保護がしやす
いユニット型の特別養護老人ホーム（以下、特養）でも、11％以上の居室での「看取り」
の施設の割合は、約53％である。それに比し、従来型の特養では、居室での逝去の比率
が11％以上の施設の割合が約44％である。しかも、従来型の施設の場合には、静養室で
の「看取り」もあるので、入所施設での「看取り」の比率だけでは評価できず、どのよ
うな空間で、どのような対応の下での「看取り」なのかを今後深めていく必要がある。

　要は、「看取り」が施設任せではなく、家族も参加して「看取り」が行われているか
どうかが一つのポイントであろう。

■「看取り」のあり方は、"本人の意思確認"の究極の問題

　人生の最期をどう送るかは、その人の尊厳を図る一つの重要なバロメーターである。
今日では「エンディングノート」等といった自分の"意思"を事前に表示する運動や形
態も進んできている。

　日本の社会福祉実践、法制度における"サービスを必要としている本人の意思決定"
の問題は、民法における財産管理の条項にかかわって、2000（平成12）年に民法が改正
され、成年後見人制度が明確化されて以降、大きな課題になってきている。

　しかしながら、成年後見人制度は財産管理の条項の改正ということもあり、日常生活
における身上保護（身上監護から改正された）が位置づけられたとはいうものの、その
及ぶ範囲は限定的である。日常生活を送る上で、我々は常に"自らの意思を表明、その
意思の確認"が求められる場面は、財産管理にかかわる場面のみならず多面的である。
図1に示したように、ゴミ出し、買い物等から始まって、医療を受ける場面での意思、
延命治療への意思、最後に「看取り」への意思と葬儀、遺骨の取り扱いの意思等生活の
あらゆる場面で"本人の意思確認"の場面があると考えなければならない。

　かつて、入所型施設はサービスを必要としている人を"収容"し、"保護"するとい
う考え方で進められてきたために、生活のあらゆる場面での"本人の意思確認"という
行為を大切にするという認識が弱かったと言わざるを得ない。「看取り」のあり方は、
"本人の意思確認"の究極の問題である。

■イギリスで制定された「意思決定能力法」

　イギリスでは、2005年に「意思決定能力法（The Mental Capacity Act）」を制定し、
福祉サービスを必要としている人の個人の尊厳を護るために、"本人の意思確認"の重

図1 生活の主体性を支える意思確認決定支援の構造

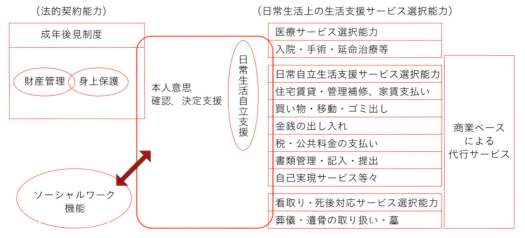

2018年10月大橋謙策作成

要性を明文化させた。

　それによると、①知的障害者、精神障害者、認知症を有する高齢者、高次脳機能障害を負った人々をとわず、すべての人には判断能力があるとする「判断能力存在の推定」原則を出発としている。日本の成年後見制度とはことなり、イギリスの「意思決定能力法」は②他者の意思決定に関与する人々の権限について定める法律ではなく、意思決定に困難を有する人々の支援のされ方について定める法律である。③そこでいう「意思決定」とは、（イ）自分の置かれた状況を客観的に認識して意思決定を行う必要性を理解し、（ロ）そうした状況に関連する情報を理解、保持、比較、活用して（ハ）何をどうしたいか、どうすべきかについて、自分の意思を決めることを意味する。したがって、結果としての「決定」ではなく、「決定するという行為」そのものが着目される。意思決定を他者の支援を借りながら「支援された意思決定」の概念である。④更に、この法律は本人の「ベスト・インタレスト」原則に基づいており、その「ベスト・インタレスト」とは（ⅰ）本人の年齢や外見、状態、ふるまいによって判断が左右されてはならない、（ⅱ）本人が自ら意思決定に参加し主体的に関与することを許し、また、そうできるような環境をできる限り整えなければならない、（ⅲ）本人の過去及び現在の希望、心情、信念や価値観、その他本人が大切にしている事柄を考慮に入れて判断しなければならない、（ⅳ）本人が相談者として指名した者、本人の世話をしたり、本人の福祉に関心を持ってきた人々、任意後見人、法定後見人等の見解を考慮に入れて判断しなければばならないと規定している[1]。

　日本でも「障害を理由とする差別の解消の推進に関する法律（障害者差別解消法）」が制定され、"本人の意思確認"や「ベスト・インタレスト」の考え方を法定化する動

きがあるが、いまだ高齢者介護や障害者介護の場面でのこれらの認識は弱い。

入居者本人だけでなく、その家族の気持ちにも寄り添う

「看取り」における"本人の意思確認"は、胃ろうや他の延命治療を受ける意思の確認、病院への搬送の意思の確認等から始まり、どの場所で、どのような最期のケアを受けて逝きたいか、亡くなった後の近親者や関係者とのお別れや弔いの方法、遺骨や埋葬の方法等、多面的に考えなければならない部分がある。

核家族かつ共働きの家庭で、それらに関する文化の伝承がなされていない家庭・家族、日常の忙しさに紛れて普段考える余裕がない家庭・家族への支援を、誰がどうするかは、一施設法人の問題ではなく、市町村を基盤にした日常生活圏域という地域において考え、作らなければならないシステムである。ましてや、単身高齢者や単身の障害者が増大してきている中で、多面的場面での"本人の意思の確認"のあり方は容易ではない。今の日本の地域福祉、地域包括ケアにおいて最も遅れている部分である。

多くの入所型施設においては、入所時点において大まかなところは確認しているというものの、「看取り」に関する部分は、サービスを必要としている人の年齢、介護状態やそのときの家族の年齢、仕事の状況等にもよって変わるため、「入所時点で確認しているからよい」というわけにはいかない。

家族の中には、"狭い"空間と介護する人材、要件が"十分でない"自宅では「看取れ」ないが、かといってすべて病院に任せるのも嫌という人は多い。少しの時間でも、親の介護をして「看取り」たいという家族の気持ちに寄り添い、親の居室で家族が「看取る」のを支援できる体制こそ、今日の家族形態における「看取り」ではないのだろうか。

仙台にある同センターの実地研修施設である特別養護老人ホーム一重の里では、個々の居室にユニットバスが設置されていると同時に、居室の中に3畳分ほどのオープンスペースがあり、リビング的にも活用できるし、家族が寝泊まりできる空間でもある。このような空間も日本の施設にはでき始めているが、そこまではいかないものの、個別の居室で家族がベットサイドに寝泊まりして介護している同センターの実地研修施設は、「究極の個別ケア」と言われるユニットケアの真髄と言ってもいいであろう。高秀苑は、その究極の個別ケアを最善に提供し、実践を行っている。

●引用文献
1）菅　富美枝：自己決定を支援する法制度　支援者を支援する法制度―イギリス2005年意思決定能力法からの示唆―. 法政大学大原社会問題研究所雑誌. No.822, 2010年8月所収.

● 施設・法人の概要 ●

住　所：〒581-0823　大阪府八尾市桂町５丁目11－6

法人名：社会福祉法人　久義会

施設名：特別養護老人ホーム　高秀苑

ユニット数：特養７ユニット　ショートステイ１ユニット　計８ユニット
　　　　　１ユニット９名定員

利用形態：特養／短期／デイサービス／居宅介護事務所

利用者数：特養63名　短期９名　デイサービス24名

職員数：84名

開　設：2004（平成16）年11月１日

管理者：施設長　田中　智子
　　　　1959年12月５日生
　　　　1982年３月　近畿大学薬学部薬学科卒業
　　　　大阪大学医学部付属病院薬剤部、東大阪市立病院薬剤部（現東大阪
　　　　医療センター）などに勤務
　　　　2004年11月　社会福祉法人久義会　特別養護老人ホーム高秀苑
　　　　創設時より施設長に就き現在に至る
　　　　取得資格　薬剤師・社会福祉士・介護支援専門員

連絡先：電話番号：072－922－5355
　　　　FAX：072－922－6222

第 7 章

「居心地のよい」
「他者と交流できる」
生活空間の保証

社会福祉法人 櫟会
特別養護老人ホーム くぬぎ苑
三木 康史

● ケアの哲学と実践に向けた考え方 ●

1 施設内の４つの領域における暮らしの展開

　2016（平成28）年、「高齢者・障害者・子どもなど全ての人々が、一人ひとりの暮らしと生きがいを、ともに創り、高め合う地域共生社会」という新たな地域福祉の概念を、厚生労働省は発表した。これは高齢者を地域で支えるための「地域包括ケアシステム」をより進化させた概念であり、困難をもつあらゆる人を地域で支えていくための仕組みである。

　地域包括ケアシステムや地域共生社会において、施設・居住系サービスの１つとして位置づけられる特別養護老人ホーム（以下、特養）では、入居する高齢者の多くが認知症を患っており、介護を必要とする状態である。

　認知症の方々へのパーソン・センタード・ケアを提唱したトム・キットウッドは、「人々の価値を認める」「個人の創造性を尊重する」「その人の視点に立つ」「相互に支え合う社会環境を提供する」を、尊厳を支えるケアの実践理念として掲げている。つまり、認知症高齢者一人ひとりの尊厳が保たれ、かつ、最後までその人らしい暮らしが送れるような社会環境を整えていくことが、認知症高齢者のケアの鍵となる。それを実践するためにも、「居心地のよい」「他者と交流できる」生活空間を保証することは、まさしく認知症ケアにとっても、その人の尊厳を支えるうえでも大切なことであるといえる。

　筆者が勤務する特別養護老人ホームくぬぎ苑（以下、当施設）では、一人ひとりの入居者の暮らしを尊重したユニットケアを採用している。施設内には、プライベートスペース、セミプライベートスペース、セミパブリックスペース、そして、パブリックスペースという４つの専門的スペース（空間）が確保されている。これは、段階的に人間関係が自然に形成できるようにという理論から成り立っている。４つの専門的スペース（空間）の概要は以下の通りである。

・プライベートスペース…その人らしく暮らすために私物が持ち込めるようになっている。
・セミプライベートスペース…家庭同様に冷蔵庫、電子レンジ、トースターなどの電化製品が備えられており、食事をする場所とくつろげる場所に分けられている。
・セミパブリックスペース…茶道、華道、書道などの趣味活動に参加できるような空間や道具が準備されている。
・パブリックスペース…地域住民も利用できる売店や喫茶コーナーが設置されており、月に２回、認知症カフェが開催されている。

「居心地のよい」「他者と交流できる」生活空間の保証 ● 第7章

つまり、施設に入居したとしても、地域とのつながりを維持し、その人らしく地域社会の一員としてあり続けられるような生活環境づくりを、当施設は目指している。施設入居後においても社会とのつながりを維持し、その人らしく暮らせるような生活空間や施設環境を整えることこそが、入居者の暮らしを豊かにし、その暮らしを広げることにもつながっていく。

2 施設に入居する高齢者を理解する

外山義は、地域で生活していた高齢者が、施設入所の際に感じる「3つの苦しみ、5つの落差」を、著書のなかで以下のようにまとめている。

「3つの苦しみ」は、①施設に入る原因そのものによる苦しみ、②地域を離れる苦しみ、③施設という非日常空間に移ることにより味わうさまざまな「落差」である。そして、「5つの落差」は、①「空間」の落差、②「時間」の落差、③「規則」の落差、④「言葉」の落差、⑤「役割」の喪失である。

では、これら入居者が抱えているさまざまな苦しみを理解したうえで、当施設において、「居心地のよい」「他者と交流ができる」生活空間の保証を、どのように実践し、どのような結果を生んでいるのかについて示していきたい。

● 実践レポート ●

3 プライベートスペース（居室）

人間は、一人でゆっくりと過ごせる空間が確保されないと、他者と交流しようという気持ちになれないし、人に対する関心も生まれない。個室があれば良いというわけではなく、一人になれる空間が自分の空間になっているかが重要である。

当施設では、使い慣れた家具や、写真、冷蔵庫等、居室への持ち込みは自由にしている。入居者一人ひとりの個性や生活リズムを大切にし、入居者・家族が主体的に自由に自分の居心地のよい空間をつくることができるようにしている。そして、自分がホッとできる場所が確保されたことで、はじめて隣の部屋の人との交流が生まれている。

4 セミプライベートスペース（リビング・共同生活室）

リビングは食堂とリビング、日常生活上の基本的な空間である。この空間は、家電製品、食器棚等、家庭のリビングを再現する設えと備品は最低限必要である。

当施設では、ご飯を炊く匂いやパンを焼く匂いが漂ってきたり、食器や茶碗を洗う音が聞こえたり、それらの作業をする介護職員を眺めることができる環境を準備し、五感で食事にふれることで、より暮らしを感じてもらうような工夫を行っている。

また希望する入居者には、おかずを盛りつけてもらったり、食事の準備に加わってもらっている。このように役割をもってもらうことで生きがいを感じてもらい、ケアを一方的に受けるのではなく、支え合って生活している実感を得てもらうように支援し、一人ひとりの尊厳を尊重したケアを実践している。

さらに、窓際にソファーや椅子を置くことで、自然発生的に入居者同士のコミュニケーションや交流が生まれ、それだけではなく、その場所が一人で過ごす居場所にも活用されている。このように、セミプライベートスペースにも自分の居場所を獲得していくことは、施設空間のなかに自分にとっての居心地の良い住まいの場を広げていくことにもつながる。そして、それが日常化したときに、一人ひとり固有の生活リズムが刻まれていくのである。

日常の生活空間を上手く利用し、居心地のよい環境、生活感のある会話を生み出させ、新たな隣人との関係性づくりを実践している。

5 セミパブリックスペース

ユニット内（プライベートスペース・セミプライベートスペース）は、日常生活上の基本的な場であり、一言でいうと「一軒の家」である。それに対し、セミパブリックスペースでは、「しなければならないこと」はなく、より社会性の高い活動が自由にでき、ユニットを越えた社会関係を築く機能を再現した、スペースである。つまり、ユニットから一歩前に足を踏み出し、新たな関係性を築く場である。

当施設では、ユニット内の入居者同士だけではなく、共通の趣味やクラブ活動を通じて気の合う他のユニットの入居者と交流できる場として活用している。

具体的には、書道や茶道、さらには華道ができるような設えを行っている。ほかにも気の合う入居者同士、あるいは一人でゆっくりとお茶を飲んだり、本を読んだりする場としても活用している。

「3つの苦しみ」と「5つの落差」に直面した入居者が、プライベートスペースとセミプライベートスペースで暮らしていくなかで、少しずつ自信と笑顔を取り戻し、はじめてユニットの外に一歩踏み出す空間であり、他ユニットの入居者との交流ができる大切な場となっている。

「居心地のよい」「他者と交流できる」生活空間の保証 ● 第7章

6 パブリックスペース

パブリックスペースは、「街」の機能そのものである。したがって、地域社会に開かれ、地域住民が利用したり、入居者と地域住民が交流するスペースである。入居者にとっては、ユニットで暮らしが完結するのではなく、地域住民と交流することで社会性が維持でき、本当の意味でもこれまでの暮らしが維持できる空間といえる。

奥山真由美が実施した高齢者施設に対する家族のイメージ調査によると、「家庭的な雰囲気」と回答した者は全体の2割以下、また、「終の棲家である」と回答した者は全体の約3割であった。その一方、「暮らしやすい場所」「安心して生活できる場所」と回答した者は全体の過半数を占めていた。つまり、介護や医療の専門職が揃っているため安心して生活できると半数の人は考えるが、終の棲家として活用される家庭的な場所としてのイメージには至っていないことがわかる。したがって、高齢者施設の周辺に住む地域住民にとって、喫茶店や売店があったとしても足を踏み入れづらい場所と認識されている可能性がある。

当施設では、もっと施設を地域住民に幅広く知ってもらい、施設に足を運ぶ住民の数が増えるように、さらには、入居者が地域住民と交流できる場となるように以下のような工夫を行っている。

①地域住民（小学生）が空手道場の教室として利用。

②自治会、子育て中のお母さんたちの集会場として利用。

③盆踊りの練習場として利用。

④居酒屋として利用。

⑤毎月2回、認知症カフェを開催。マシンを使った介護予防教室、茶話会、介護よろず相談コーナーを実施。そのうち1回は内部・外部講師による「熱中症予防」などの無料講座を開催している。普段は、管理栄養士による手づくりランチが食べられる喫茶店を週5日営業しており、入居者・家族はもちろん、地域住民も利用している。認知症カフェは、入居者も利用しており、そこで、地域住民とふれあい、自然と自分が地域社会の一員であることを認識してもらっている。

⑥入居者とその家族が昼食を、ユニットではなく喫茶店で食べ、誰に気兼ねすることなくコミュニケーションを楽しんでいる。

以上のように、施設のなかに地域を取り込む仕掛けをつくり、重度でなかなか外出できない入居者にも、人々の声や、音、行き交う人々を眺めてもらうことで街を感じても

らい、それが結果的に他者との交流につながっている。

7 おわりに

　自宅での暮らしには普通にある家族や他者との交流を、いかに高齢者施設で保証していくかについて、4つの専門スペースに区切って述べてきた。この4つの住み分けにより、他者との交流機会も増え、入居者の表情や行動に変化が見られ、一人ひとりの暮らしのリズムも生まれる。

　入居者一人ひとりの好みやこだわり、人生経験という目に見えないものを理解しなければ、心地よさや生活空間の保証はできない。ただ単にリビングにソファーを置けばいいというものではない。ソファーを置くことで、その入居者の暮らしがどのように変わるのかという視点を常にもち続けねばならない。

　居心地のよい他者と交流できる生活空間を保証するということは、本来の自分を取り戻し、入居者が自宅とは違う施設という異次元の空間に呑み込まれることを防ぐことを保証するものである。さらには、施設空間が暮らしの場へと変わることを保証することにもつながるのではないだろうか。

●引用文献
・トム・キットウッド著、高橋誠一訳：認知症のパーソンセンタードケア―新しいケアの文化へ．筒井書房，2005.
・外山義著：自宅でない在宅．医学書院，2003.
・風の村記録編集委員会著：風薫る終の棲家．ミネルヴァ書房，2001.
・外山義監修：個室・ユニットケアで介護が変わる．中央法規出版，2003.
・秋葉都子編著：ユニットケアで暮らしをつくる．中央法規出版，2011.
・一般社団法人日本ユニットケア推進センター編集：ユニットケア研修テキスト．中央法規出版，2012.
・秋葉都子著：ユニットケア・個別ケアQ&A．中央法規出版，2017.
・奥山真由美，西田真寿美：特別養護老人ホームの入居申請をめぐる家族の意思決定　第17巻．山陽論業，2010.

■ 施設訪問レポート ■

4つの空間領域の意識と環境づくり

コメンテーター：石井　敏
訪問：2018（平成30）年10月21日

環境整備の基本は、職員が発案・提案するアイデア

　特別養護老人ホームくぬぎ苑は2005（平成17）年開設である。ユニットケア・ユニット型の考え方も、施設のつくり方もまだ定着していない時期の建物ということもあり、「今になって思えば…不十分な点もある」と、社会福祉法人櫟会理事長の三木康史氏は語る。しかし、だからこそ、その環境を意識し、向き合い、試行錯誤しながら、可能な限り改善を図ることをしてきた。

　ユニット玄関やユニット内個浴の改修、鏡の高さやエアコン・洗面台のスイッチ改修、温冷配膳車からカートへの変更など、その都度、必要な改修や整備を意識的に行ってきている。また、「本物」を使うことで、空間や生活の質（QOL）を高める努力もされている。施設内に飾られた絵画や調度品、生花、陶器の食器など、目に触れるもの、手に触れるものを通して、本物を感じることができるような環境づくりを行っている。いずれも職員の気づきや施設内での研修や勉強会を通して、「いかに自宅に近い暮らしの環境をつくるか」という意識を共有するなかで、職員の自発的な発案・提案を基本とした結果とのことだった。

　各ユニットには年間3万円の設え費（環境整備のための経費）を割り当てているが、それを超える大がかりなものが提案されることもある。その際には、職員は「なぜ」それが必要なのか、その改修や改善により「どのような効果」を期待するのか、ということを理事長にプレゼンテーションして、納得させ、説得しなければならない。

写真1　ユニット内の領域を緩やかに仕切る格子（改修）

写真2　個性と表情をもたせるユニット玄関（改修）

あるユニットでは、「直づけ照明では家庭的な雰囲気にならない」との提案で、ペンダントライトが試行的に設置されていた。また、ユニットの共同生活室と廊下空間がメリハリなくつながっていた場所には、領域を分けるために緩やかな目隠しにもなる格子が設けられるなど、大小さまざまな改善や工夫の跡が各所で見られる（写真1、2）。物理的な環境を意識しているからこそ、必要な改善が絶え間なく実践されている。

4つの空間領域を理解・意識した職員による日々のケアと環境づくり

　さて、くぬぎ苑では「居心地の良い」「他者と交流できる」生活空間の保証を重視して施設づくり・環境づくりを進めている。特に意識しているのが、プライベートスペース（個室）、セミプライベートスペース（共同生活室）、セミパブリックスペース（ユニットをつなぐ空間）、パブリックスペース（地域とつながる空間）の各領域（空間）の確保とその活用である。

　この4つの空間領域の概念を日本の福祉施設計画において導入したのは、外山義（故人：京都大学教授）である。1980年代後半、スウェーデンでの留学帰国後、日本の施設環境のあり方・考え方を大きく変えた。グループホームやユニット型施設の制度化に尽力し、介護施設を生活の場に転換するため、人の暮らし、その質向上に焦点を当てて研究・設計を行った第一人者である。人の暮らしと行動は重層的で多様である。そして空間は人の気持ち・心理に働きかける。それを包みこむための建築空間の重要性を訴え、施設だからこそ可能となる空間・環境づくりの視点を与えた。

　この4つの領域の概念自体は新しいものではない。40～50年前に、建築家、都市計画者、社会学者らが、まちづくりや住環境づくりにおける重要な概念として提唱している。これらの空間が段階的に、またバランスよく計画されることで、人の心理に働きかけプライバシーやコミュニケーション（コミュニティ）を助け、また促進することにつながる。この理論を、介護施設という一歩間違えば閉鎖的で単調になりがちな施設空間に対して、日本で初めて援用し、施設計画で実践したのが約25年前である。

　このような領域（空間）の意図をしっかりと理解し、解釈しながら、施設・環境づくりに立ち向かっている職員がいる施設がある、ということを知ることができたことが、個人的には何よりもうれしかったことである。現場職員の皆さんが

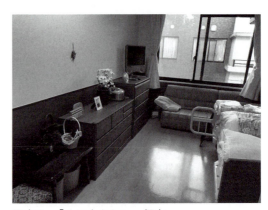

写真3　「その人らしい」個室

4つの領域を意識し、日々のケアのなかで環境づくりを実践されていることにも感銘を受けた視察だった。

　例えば、個室（プライベートスペース）一つをとっても、その空間がつくられるだけでは意味がない。そこが、その人にとっての「個室」になるための働きかけや設えのサポートが不可欠となる（写真3）。入居者一人ひとりの居室での暮らしぶりから、施設や職員の皆さんの環境に対する意識が垣間見え、また伝わってきた。空間やその環境がケアを支え、暮らしを支える、という当たり前のことを意識するのは案外難しい。そこにいる入居者を見つめ、その人を包み込む環境を見つめる視野と視点を備えることが必要である。これこそ、プロのケアではないだろうか。

　「ソファーを数センチ移動させただけで、使われなかった場所が使われるようになった」という職員からのコメントがあった。だから環境づくりは面白い。楽しんで環境を見つめ、工夫する職員がもっともっと生まれてきてほしい。そう感じた視察でもあった。

● 施設・法人の概要 ●

住　所：〒820-0052　福岡県飯塚市相田114−1

法人名：社会福祉法人櫟会

施設名：特別養護老人ホーム　くぬぎ苑

ユニット数：入居　7ユニット・短期入所生活介護2ユニット　※ユニット
　　　　　定員数：10名

利用形態：・特別養護老人ホーム　定員70名・地域包括支援センター
　　　　　・短期入所生活介護　定員20名・居宅介護支援事務所
　　　　　・通所介護　定員40名

利用者数：入居70名　ショートステイ20名

職員数：121名

開　設：2005年10月1日

理事長：三木康史
　　　　平成2年4月　株式会社福岡銀行入行
　　　　〃 16年6月　同行退職
　　　　〃 16年7月　（社会福祉法人）機会設立準備室入社
　　　　〃 17年9月　社会福祉法人機会特別養護老人ホームくぬき苑施設
　　　　　　　　　　長就任
　　　　　21年9月　社会福祉法人機会理事長就任（現在、理事長を施設
　　　　　　　　　　長を兼務）

連絡先：電話番号　0948−24−8000
　　　　FAX　0948−24−7200
　　　　ホームページ　http://kunugien.com

第 **8** 章

ケアの言語化、
データ化によるケアの科学化、
見える化

社会福祉法人 桐仁会
特別養護老人ホーム ちょうふ花園※

梅津 鋼

※執筆時の所属情報です。
　現在は特別養護老人ホームかえで園、くぬぎ園の準備室を担当。

●● ケアの哲学と実践に向けた考え方 ●●

1 これまでの高齢者ケアがもたらす弊害

「ケアの言語化、データ化によるケアの科学化、見える化」と考えると、どのようなイメージになるだろうか。

1963（昭和38）年の老人福祉法施行後、またはそれ以前から続く高齢者のケアの方法は、収容所や病院をモデルとした集団のなかで、施設が用意した日課に沿って、暮らすものだった。その暮らしぶりは、全員一緒の時間軸で、全員一緒の食事・排泄・入浴などであり、そこには一人ひとりの生活観の違いや思い・意向が入り込む余地が少ない状況であった。

そのようなななかで、一人ひとり異なる意向を汲みとるには、職員のセンス（人間性や価値観など）に左右される場面が多かった。一方、入居している高齢者からすると、担当する職員によって、暮らしぶりが変化してしまうため、その日、まず初めに気にすることは出勤職員の確認になってしまっていた。

また、認知症が重度化した入居者の場合、異なる対応が連日続くことにより、混乱し、落ち着かなくなることがある。そこで、1日の生活リズムやペースを一定にし、職員による対応や声かけも統一することで、認知症になっても落ち着いて暮らすことができる環境づくりが重要になってくる。そして、そのためには、職員間でさまざまな情報共有を図り、入居者一人ひとりの異なる生活リズムや意向、自立度（どこまで入居者が自分でできるのか）を明らかにしたうえで、統一したケアを提供するために、ケアの言語化、見える化が必要となるのである。

これまでは、各職員の記憶力や経験、センス、知識・技術に頼った方法でケアを行っていた。しかし、それでは職員の能力により差が生まれるため、そこで暮らす入居者は困ってしまう。そのため、一人ひとりの生活リズム、暮らしに対しての意向・こだわり、それに対して入居者自身でできる部分、サポートが必要な部分を、言語化、見える化し、職員間のサポートに差が出ないように、24Hシートが必要と考えられたのである。

2 「尊厳」と「自律」を保障するケアの実現

社会福祉法で定められている「人の尊厳を保障すること」をはじめ、老人福祉法のユニット型特別養護老人ホーム（以下、特養）の基本方針にある「居宅における暮らしの連続性（暮らしの継続）や自律の保障」、そして介護保険の「日常生活面での自立支援」にしっかりと向き合わなければならない。

尊厳とは「尊くおごそかであり、冒しがたいこと」である。自律とは「他者からの支配や制約を排し、自分の立てた規律に従って、自らを規制しながら行動すること」である。この「尊厳」と「自律」を考えると、今までの一斉一律の集団ケアは、法令遵守（コンプライアンス）から見て、課題があるのではないかと考える。

また、2002（平成14）年の介護保険法の改正にて、ユニット型特養の基本方針が示されたが、そのなかでは「居宅の生活と施設に入居後の生活が連続したものになるように配慮する」と示されている。

特別養護老人ホームちょうふ花園（以下、当施設）には、80名の入居者が暮らしているが、その全員が施設の決めた食事時間に合わせて、皆一緒に食べたいのであろうか。またその食事時間（特に朝食）に合わせるために起床したいのだろうか。

もし施設の日課に合わせてもらうために、入居者の起床介助をしているのだとすると、それは自律支援と言えない。また施設全体の日課があると、職員は「何時までに○○をやらなければならない」というノルマに追われ、要介護度が高く動作がゆっくりな入居者や認知症で同じ話や行動を繰り返す入居者に寄り添うことができず、職員がついつい手を出してしまう。

このことは、一人ひとりの異なる残存能力を活かすことなく、過剰な介助や無用な介助を行っていることであり、入居者の自尊心や尊厳を冒すことにつながる。また介護という職に就いている人は、基本的に優しい人が多い。したがって「手伝ってあげたい」という気持ちが根底にある。しかし、暮らしの継続を支える専門職としては、過剰な介助は入居者の残存能力を奪い、自尊心を冒してしまうことを忘れてはならない。

そこで、個別の生活リズムに対して、何をサポートするのかも、「言語化、見える化」することで、本当に必要なサポートをチームで共有して提供できるのである。

ここにもう一つ、つけ加えると法人理念がある。社会福祉法人桐仁会（以下、当法人）の理念は「仁と和を重んじ、奉仕の精神を旨とする」である。意味は相手の立場に立ち、嫌なことはせず、望むことをする。またさまざまな多様性を受容して調和するということである。この理念を実践することを考えると、80人の入居者皆一緒の施設日課は理念に反している。理念はその組織の方向性を決定づけるものである。よって理念を具現化する努力をしなければ、その組織は組織ではなくなるのである。

●実践レポート●

3 24Hシートの活用とその効果

　ケアの言語化、見える化には24Hシートが必要である。なぜなら入居者一人ひとりの異なる暮らしぶりの目安となる24Hシートがなければ、職員間での情報共有が図れず、統一したケアが提供できないからである。そして、24Hシートを目安としたケア内容を実績として記録に残すことで、入居者の状況の変化をデータ化すること。その上で、24Hシートの内容が実態に即した形に更新されることが本来の活用の仕方である。

　そこで24Hシートが活用されているかどうかの一つの指針として、24Hシートの情報量の変化に着目した。順調に活用されている24Hシートでは、更新によって24Hシートの情報量が増えていると仮定し、実際に入居後1か月以上経過した24Hシートと、1年6か月の間に介護認定の更新時期があった入居者の24Hシートで、情報量がどの程度変化したのかを調査をした。また、情報量を可能な限り客観的にするために単語の数（名詞、動詞、形容詞、形容動詞）で比較を行うこととし、数値に科学性をもたせた。

　下記に、2016（平成28）年度より新しく入居した14名の24Hシートの単語数を比較した事例および、24Hシートの活用により、要介護5から要介護3へ改善した事例を紹介する。

4 事例

　14例の新入居時の24Hシートの平均単語数は、936.5語であった。そして24Hシートの更新時の平均単語数は、1080.6語と平均144.1語増加していた。この増加は、統計学的にも有意差があり、ケア記録のデータにより、言語化された24Hシートの内容が変更されることが、活用されている根拠である（表1）。

　そして、この14例の新入居時の平均要介護度が4.5であったのに対し、24Hシート更新時の平均要介護度は4.07と改善されたのである。さらにその内訳も14名中4名が改善、10名が維持されており、重度化した入居者は一人も存在しなかった（表2）。つまり、ケアを言語化、見える化する24Hシートを活用すると、要介護の維持・改善につながることが明らかになった。

　次に14例のなかから、具体的な実践として事例を紹介する。

　老人保健施設（以下、老健）より要介護5で入居してきた84歳の入居者。既往歴に認知症、うつ病、不眠症、糖尿病があった。老健からの事前情報として、車椅子での移動介助のほか、起き上がりやトイレも全介助が必要。認知症とうつ病による不安から常に

ケアの言語化、データ化によるケアの科学化、見える化 ● 第8章

表1　入居時の24Hシートと更新時の24Hシートの単語数（情報量）の変化

	新入居時単語数	24Hシート更新までの期間	更新時単語数	単語数の増減数	変化率
平均	平均936.5語	平均7.8か月	平均1080.6語	平均144.1語	平均変化率18.5%
1	934語	9か月	1078語	144語	15.42%
2	592語	3か月	648語	56語	9.46%
3	665語	10か月	834語	169語	25.41%
4	1030語	10か月	1227語	197語	19.13%
5	1005語	3か月	1130語	125語	12.44%
6	725語	15か月	851語	126語	17.38%
7	2158語	9か月	2120語	△38語	△1.76%
8	813語	3か月	942語	129語	15.87%
9	763語	9か月	1024語	261語	34.21%
10	784語	9か月	958語	174語	22.19%
11	1185語	1か月	1135語	△50語	△4.22%
12	856語	10か月	1085語	229語	26.75%
13	891語	8か月	987語	96語	10.77%
14	710語	10か月	1109語	399語	56.2%

表2　新入居時と更新認定調査時の変化

	新入居時要介護度	比較した24Hシートとの期間	更新時要介護度	更新結果
平均	平均4.5	平均7.8か月	平均4.07	―
1	要介護5	9か月	要介護4	改善
2	要介護3	3か月	要介護3	重度化予防
3	要介護4	10か月	要介護4	重度化予防
4	要介護5	10か月	要介護5	変化なし
5	要介護5	3か月	要介護5	変化なし
6	要介護4	15か月	要介護4	重度化予防
7	要介護5	9か月	要介護3	改善
8	要介護5	3か月	要介護5	変化なし
9	要介護4	9か月	要介護4	重度化予防
10	要介護5	9か月	要介護5	変化なし
11	要介護4	1か月	要介護4	重度化予防
12	要介護4	10か月	要介護4	重度化予防
13	要介護5	8か月	要介護4	改善
14	要介護5	10か月	要介護3	改善

疲労感を感じており、依存が強く、活動性も低い状態だった。当施設では、その入居者の不安を取り除くため、声かけやサポート内容を内向的性格を配慮した形に統一した。

　具体的には、食事場面や排泄場面での言葉のやり取りをすべて記録し、そのデータを基に、言語化した24Hシートを更新し、入居者の状態や求めていることをより適確に把握できるようになった（図1）。その結果、新入居時の24Hシートの単語数が要介護認

図1　記録のデータに基づき、言語化された24Hシートの更新例

24Hシート（食事）

平成28年6月（入居時）

time	生活リズム	意向・好み	自分で出来る事	サポートの必要なこと
8：00	リビングへ		車椅子自操	食事の声かけ、リビング自席へ案内する
	朝ごはん	ヨーグルトが食べたい　野菜が苦手		食事用意　茶、ヨーグルト、スプーン、主食：粥、副食：1cmくらいのキザミにする　固いものは食べやすくカットするか柔らかいものに変更する（鶏肉→ひき肉、リンゴ→バナナなど）※包丁やはさみ、刃物などは、目に入る場所にそのまま置いておかず所定の場所に片付ける

平成29年6月（1年後）

time	生活リズム	意向・好み	自分で出来る事	サポートの必要なこと
8：15	リビングへ		歩行器で歩く	食事の声かけ、リビング自席へ案内する
	朝ごはん	ヨーグルトが食べたい　果物は好き　野菜が苦手　固い物は噛まなくて良いように細かく刻んで欲しい　お茶は熱すぎない65℃くらいの温度	箸やスプーンを使って食べる	食事用意　薬、牛乳の代わりにヨーグルト、スプーン、箸、主食：粥150g、量の確認をする　副食：氏に確認をして要望のある物は細かく刻む　水分ゼリーを出す　ヤクルトの希望があり、購入をしている時には、ヨーグルトの代わりに出す　※包丁やはさみ、刃物などは、所定の場所に片付ける
9：00	リビングで過ごす	人が居るところに居たい		配膳をすると「食べられないわ　飲めないのよ」言うので「食べられる分だけでいいですよ」と安心する声掛けをする
	お茶を飲む	お茶はあまりすすまない　コーヒーを飲みたい	カップでお茶を飲む　コーヒーを飲みたい時には希望を伝える	気分良く水分が摂れるように声を掛ける　コーヒーは無糖で出す

定更新時、399語も増加しただけでなく、歩行器による移動、食事、排泄が自立し、要介護3と改善された。まさに身体的な残存能力を活かす自立支援であり、歩行の自立により施設内のカフェ利用や散歩、外出・外食と活動性が高まり、主体的に意向を発信する自律支援が図られるようになったのである。

5 まとめ

　このように、今までの感覚的なケアから24Hシートというケアの言語化、見える化したツールを用いて、記録のデータを基に修正するPDCAサイクルを回すことで、介護保険法で求められる自立支援が可能となり、老人福祉法の自律支援が得られるのである。

　そして、そのことが人の尊厳を保障する社会福祉の実践となるのである。

■ 施設訪問レポート ■

静かな時間とゆったりとした時間が流れる小宇宙

コメンテーター：井上 由起子
訪問：2018（平成30）年8月10日

記憶を辿って

　ちょうふ花園を初めて訪問したのは2004（平成16）年夏のことだった。開設直後だったこともあり、話題はハードのことに集中したと記憶している。トイレ付きの個室、クックチルに対応した厨房、個別浴槽を中心とした浴室構成など、意欲的な試みに目を見張った。一方で、フロアごとに配置された旧来的な寮母室、可動壁で仕切られた背中合わせの共同生活室など、いくつかの混乱も確認できた。あの建物にどのような工夫を重ね、居心地のよい住まいが実現されているのか、期待と不安を抱えながら、14年ぶりに施設を再訪した。

　案内してくださったのは前回と同じく梅津鋼さん。当時は副施設長で、現在は法人の理事として新規事業を統括されている。ちょうふ花園は開設後、職員全員でユニットケアを学び、関東地区のお手本として今日に至っているのだが、その中心にいたのが梅津さんだった。今回の訪問では2つのことが印象に残った。それは「住まいの実現」と「24Hシートの運用」だ。それぞれについて、触れていきたいと思う。

住まいの実現

　玄関の設えや考え抜かれた椅子、ソファの配置に感銘を受けたが、何より驚いたのは時間の流れがゆったりしていることだった。午前中に見学したので、ユニットごとに2〜3名の職員が配置されているはずなのだが、バタバタと動きまわる雰囲気は全くなかった。意図的に気配を消しているかのようだった。

　各ユニットには金魚や小鳥、亀も暮らしており、入居者も含めて、その静かな生命力と時間の流れがかけ合わさり、私たちが暮らす社会とは異なる時空というか、まるで小宇宙を生み出しているようにも感じた。

　もちろん、こういった雰囲気を下支えするケアや運営の仕組みがあってこその世界観なのだろう。事実、24Hシートを用いて、しっかり運営すると、入居者はたっぷり睡眠をとり、食事と食事の間も横になって一休みし、神経を落ち着かせ、自力でゆっくりと食事をとることができる。そんな風にして1日を過ごしてゆくのが90歳を超えた方々の暮らしなのではないかとのことだった。

　もちろん、体力があり、お元気な入居者もいる。そんな入居者は、ユニットから1階

に降りて、カフェコーナーに足を運ばれていた。運営しているのは、ここで入居者を看取った家族や地域の住民で、カフェのほか、体操教室、演奏会、朗読、書道教室などにも取り組んでいる。建物の一角には、地域包括支援センターがあり、そこで開催する地域ケア会議を契機に、地域や家族の方々がボランティアとして運営に参画してくださっているそうだ。玄関脇には子どもに開放したコーナーもあった。開かれた施設として着実に運営され、広がりのある住まいが実現されていた。

24Hシートの運用

　先ほど触れた24Hシートだが、梅津さんからの説明とその後の意見交換でとても腑に落ちた。入居が決まると生活相談員がご自宅を訪問し、24時間軸で1日の生活をヒアリングし、それをもとにケアマネジャーがケアプランと暫定の24Hシートを作成する。それをプリントアウト・一覧化し、介護職による日々の支援と記録がなされ、月1回開催されるユニット会議で記録を手元に置きながら議論し、介護職が24Hシートに赤色で加筆や削除をしていく。

　もちろん、ヒヤリハットなど早急に変更が必要なものは、随時加筆されていく。そうして、24Hシートを確定版にしていくのだ。

　この話を聞いたとき、「ケアプランと記録が別個の歯車として動いており、連動していない」というよく耳にする問題を思い出した。ケアプランと記録をつなぐ個別支援計画のツールとして、時間軸に沿った24Hシートが位置づいているのだと腑に落ちた。

　「24Hシートは、介護技術の統一と声かけの統一の両方の意味合いがある」という説明にも「なるほど」と思った。声かけの統一とは、Aさんは食事が始まったら「食べられそうですか」と声をかける、本人から「食べられるかしら」と不安な声が聞かれた場合には「難しいときには一口サイズにこちらでしますね」と声をかける、この声かけを統一することで、安心できる環境をつくり、自分で食べようとする意欲を引き出す、といったことを指す。

　質の評価（ストラクチャー・プロセス・アウトカム）で有名なドナベディアンは、医療の質は技術的部分と対人関係的部分から構成されると述べているが、技術的部分が介護技術の統一、対人関係的部分が声かけの統一と似ていると感じる。後者はコミュニケーションあるいはミクロなソーシャルワークとも言える。24Hシートは、「介護技術の統一」という意味合いで語られることが多いのだが、もっと広い意味合いで使えるもののようだ。

ケアの言語化、データ化によるケアの科学化、見える化 ● 第8章

● 施設・法人の概要 ●

住　所：〒182-0034　東京都調布市下石原3-44-1

法人名：社会福祉法人桐仁会

施設名：特別養護老人ホームちょうふ花園（特養80名、デイサービス30名）

ユニット数：8ユニット×10名

利用形態：特養／短期／通所／地域包括／居宅／配食サービス

利用者数：特養80名　通所30名　配食15名

職員数：104人

開　設：2004（平成16）年3月30日

施設長：梅津鋼（現在は特別養護老人ホームかえで園、くぬぎ園の準備室を
　　　　担当）
　　　　PTとして大学病院、回復期病院、訪問リハビリを経験する。仕事を
　　　　しながら東洋大学大学院に通い修士課程を終了し、グループ内の特
　　　　別養護老人ホームちょうふ花園の施設長となる。11年勤めた後、法
　　　　人理事として新規事業の準備と人材対策の担当者となる

連絡先：電話番号　042－484－2002
　　　　FAX　042－484－2286
　　　　ホームページ　//www.tojiukai.or.jp/

第 9 章

福祉機器の活用による
個人の尊厳を守るケア

社会福祉法人 伯耆の国
特別養護老人ホーム ゆうらく

山野 良夫

● ケアの哲学と実践に向けた考え方 ●

1 福祉機器・介護ロボットを活用する意義

(1) 個々の尊厳を守るケア

　個々の入居者は、その多様な存在のまま尊重され、単一の価値観を強制されない。これは民主主義の基本原理の一つである個人の価値を尊重することを基礎としている。また、介護保険法においても、「要介護状態になった者が尊厳を保持し、その有する能力に応じ自立した日常生活を営むことができるよう、必要な保健医療・福祉サービスに係る給付を行う」とある。

　このことから、施設においても「自立支援」と「暮らしの継続」を、入居者個々の尊厳が尊重されたケアの提供の上で成立させることが責務と考えられる。

　はたして、特別養護老人ホームゆうらくの歩みは「これまでのケアは尊厳を守るケアが提供されていたか。」という反省からのスタートとなった。

(2) ユニットケアの理念

　ユニットケアは、自宅に近い環境で、個々の暮らしの継続を保障し、尊厳を守る個別ケア提供を、両者にとってベストな形で追及したものである。

　その方が、どんな暮らしを望んでいるか？

　この先の人生を、どう生き抜きたいのか？

　これをよく理解し、大切にすることが尊厳を尊重することにもつながっていると考える。個々の尊厳を守ることは最低限の義務であり、施設における個別ケアの提供はその考えに基づいている。

(3) 福祉機器の活用

　福祉機器の活用の目的は、自立支援にあると考える。残存能力の活用だけでは「自立」が難しい場合に、福祉用具を活用することによって、入居者の中に眠っている「潜在能力」を発見し「自立」のための具体的な方策を発見・具現化する。

　つまり、福祉機器の活用が、これまで見えなかったこの潜在能力の発見につながり、その能力の活用により自立支援が具体化する。換言すれば、「ケアの可視化」に連動していると考えられる。

108

実践レポート

2 実践方法と運営

（1）福祉機器活用方針の浸透

　福祉機器活用を正しく普及・定着させるためには、施設全体での意識改革が必要となる。方針を正しく、明確に理解・実践するためにもただ単に使用するのではなく、機器の活用がスタッフや入居者にどのようなメリットがあり、その活用の目的に対し理解を得る必要がある。

　あわせて、事故発生時の責任体制の明確化も必要となる。これらの役割はトップの役割であり、トップが率先して活用に向けた旗振りを担う必要がある。トップは責任を取るために存在することを、それぞれの場面で行動として見せる必要がある。トップとして、真のリーダーシップが強く求められている。

（2）統一したケアの提供

　スタッフが多ければ多いほど、ケアの方法に対する個人差は大きくなり、これを統一するには大きなエネルギーが必要となる。それゆえ、容易にできないのが「ケアの統一」である。

　ユニットケアでは、個々の入居者の詳細な情報を把握することが可能となっており、これに基づいて個別ケアを提供することとなる。その際、個々の入居者のケア場面ごとに、どの器具を使用し、どのような手順でケアを提供するか、配慮が必要な部分はどこか等を施設内で統一し、ケア方法を検討・決定することにより、誰であっても同じ手法でのケアの提供が可能となる。

　個別ケアと福祉機器の有効活用は延長線上にあり、統一したケアの提供と、それを入居者にどう担保するか。施設力が試されている。

（3）試験制度の導入

　統一したケアの基本は、スタッフの機器類の正しい活用に向けた知識と技術の習得にある。また、常に事故のリスクを認識しながら、正しい活用に努める必要もある。

　そのためには、施設内で一定の基準を設け、試験制度を導入し合格しないと使用できない等の厳格なルールと対応が必要と考える。単なる手順の習得では、事故のリスクは大きく、入居者にとっては不安・不快なケアとなってしまう。

　こうした試験制度の導入は、施設にとっては大きな負担が必要となるが、これをクリアしないと「安全な福祉機器類の定着はない！」と考える。

（4）経費の捻出

　福祉機器の導入を検討する場合、まず問題となるのは導入経費の捻出である。ただちに全入居者に機器が必要とされているわけではなく、年次計画の中での対応が可能と思われる。また、補助制度等もあるが、これらの有効活用する決断が必要と考えられる。

　もう一点は、費用対効果の問題がある。腰痛による離職や、その後の職員確保のための経費を考えると、明らかに費用対効果にも期待できると考えられる。

3 実践結果から得た新たな知見

（1）高齢者ケアの基本理念の再確認

　我々の使命は、入居者個々の「自立支援」である。ただ、皆がそれを口にするが、はたしてそれの具体化ができているか若干の不安が残る。「自立支援」実現のための支援策を、前述のように残存能力の活用だけとするのは、極めて消極的であると考える。

　例えば、リフトによる負担の少ない移乗介助や、モジュール車椅子により自走が可能となり生活場面が拡大する等、明確に支援策にも違いが生じてくる。このような成果は、「潜在能力」の発見とそれを活かした積極的な支援方法が確立されない限り望めないと確信している。

（2）専門性の向上とプロの育成

　入居者個々の自己決定に基づき、自立支援策が検討され、それを形にする。その補助のためのアイテムとして福祉機器は有効に機能すると考え、活用を進めている。

　入居者の自立支援は、スタッフの専門性の向上に直結している。そして、職員の専門性の向上は、入居者の自立支援の方向性の明確化と、スタッフのレベルアップとやりがいに連動している。そのため、施設内で、それぞれの要素同士の良い循環をつくり出す工夫が求められている。

　プロとは、「今まで見えていなかったことを発見・活用し、それを具現化できる人」であると考えている。

（3）ケアの可視化

　スタッフの専門性の向上、プロの育成が進むと、入居者についてこれまで把握・認識できなかった情報の把握とそれに基づいたケアの再構築がなされる。

　例えば、トランスファーが安全・快適なものとなり、正しい姿勢が確保できるようになる。溶接型の車椅子により、全介助で移動していた入居者が、モジュールに座って自

力で移動が可能となる。姿勢が確保され経口摂取が可能となる。

このようにすべてのケアの在り方が変わってくる。これまでのプランは一体何の意味があったのだろうか。「自立支援」という言葉だけが、施設の中で一人歩きしていたように思われる。

入居者のこのような変化に気づくことで、一層の自立支援を目指す。この良い循環は明らかに現場ケアの成果（ケアの可視化）と考えられる。

4 課題と解決策

（1）専門職の育成（指導者・調整技術職）

福祉用具は魔法の道具ではない。正しく安全な活用のためには、単なる手順の周知だけでは事故のリスクも高くなり、十分とは言えない。

車椅子やリフトの選定、微細な調整技術・知識、シートやクッションの選定、移乗手順等々、煩雑で繊細な知識と技術が要求される。そのため、施設の中にこれらの課題に対応でき、安全・快適・正確に活用できる知識と技術を徹底できる指導者・技術的専門性を持った職員の育成が急がれる。

入居者の身近なところに、タイムリーな調整が可能となるスタッフが配置されると、施設ケアが安心・安全・快適なモノに変化すると考える。

（2）課題対応型ケアから期待実現型ケアへの転換

これまでの施設ケアを振り返ってみると、すべてが後追いケアのように感じられる。機能低下をどう補っていくか。この部分にのみ焦点を当てたケアが延々と継続している。これで自立支援や現場スタッフのモチベーションの向上、施設ケア全体のレベルアップにつながっているか、大きな疑問を感じている。

福祉機器の有効活用によって、入居者の顕著な変化が発見でき、もう一歩進んだケアの発想が可能となる。そして、スタッフが入居者の可能性を再発見し、実現に向けて専門性をフルに発揮することにより、入居者の自己実現とスタッフのそれが重なり、プロとしての仕事の見直しが可能となる。

福祉機器の有効活用は、単にスタッフの身体保護に限らず、施設ケアの在り方そのものの転換をさせる可能性をもっている。

（3）機器類更新等の経費の捻出

福祉機器新規導入時の最初の課題は、経費の捻出にあるが、その更新となると一層難

易度が増大する。補助制度等もあるが、補助率の低下や他に求められる成果が、導入の決断を鈍化させている部分もある。また、導入・更新の直接経費に合わせ、職員教育・指導者養成等の負担も施設負担の増加につながっており、一層困難性を高めることとなっている。

そこで、福祉機器類の継続活用・拡大を目指した中期計画を樹立し、更新するためのシステムづくりが重要である。また、施設においても、在宅のような介護機器類のレンタルが可能となる制度に期待したい。

5 今後の展望と新たな挑戦

（1）専門性の向上と地域への展開

施設内でのスペシャリストの育成法や、安全性・ケアの統一を考慮した試験制度の手法等、施設全体のレベルアップを目指すために、培ってきたノウハウを地域へ還元する仕組みづくりを実現し、地域における施設の役割の再確認を目指したい。

やはり、施設内のみで完結してもあまり意味がない。施設ノウハウを地域へ還元・共有してこそ、地域での施設の存在意義や、地域づくりへの参画につながるものと考えられる。

（2）プロの育成とモチベーションの向上

個々のスタッフの高い専門性とやりがいのある職種としての地位を確立し、個別ケア提供の崇高な理念を常に保持し、期待実現型ケアの展開と自立支援の在り方を、全スタッフが念頭に置き、実践することにより、専門職としてのプロの育成と、介護職の社会的地位が確立されるものと考える。

（3）生活者として暮らしの継続の保障

今後一層、入居者の重度化は進行し、個々の正しい姿勢と動きの確保が必要となる。人としての基本的機能（食べて・出して・きれいになって・寝る）を、完璧に保証することが、人の尊厳の確保につながる。

入居者は、施設が暮らしの場であり、それを支えるスタッフにとっても、生活の糧を得るための重要な場でもある。両者の暮らしの継続を保障できる「場」の確立を目指す必要がある。

(4) 個別ケアの充実

　ユニットケア（個別ケア）の推進は、まぎれもなく個別化の尊重・推進であり、これを進める手法の一つとしての、福祉器機の有効活用は、完璧な個別ケアの理念の下で提供される必要がある。

　そして、質の高い個別ケアの提供の先にあるのは、入居者・スタッフ・施設相互の民主化であり、専門性の高いスタッフが、質の高い個別ケアを提供し、入居者の真の自立支援が可能になれば、これまでの施設のありようから脱却し、新たな変革が可能となる。ケアの転換を、施設の改革につなげる努力を継続していきたい。

■ 施設訪問レポート ■

福祉用具やIT化の導入による「豊かな暮らし」の実現

コメンテーター：**野口 典子**
訪問：2018（平成30）年 8 月29日

▌ 介護の現場に必要なのは「ゆとり」

2018（平成30）年 8 月29日、鳥取県にある社会福祉法人伯耆の国　特別養護老人ホームゆうらくにお邪魔し、理事長の山野良夫さんにお会いした。

法人が掲げている基本理念「個々の生活観を尊重し豊かな心と安心・信頼の地域づくりを目指して」には、高齢期をその人らしく豊かに過ごしていただくという思いが込められているように思える。高齢者が長年過ごしてきた暮らし方を大事にしていくためには、当然「個別ケア」という方法にならざるをえないのだ。

ゆうらくの事業の発端は、従来型特養の改築ということから始まった。町立の高齢者施設のリノベーションにあたり、担当であった山野さんは、なんとか「よい施設」をつくれないかと奔走されたそうだ。そして、先駆的な実践も学ぶなかで、外山義氏と出会い、「豊かな暮らし」を構想するに至ったとのことだ。ゆうらくの立ち上げのなかにも、従来型の集団的処遇を対極においた取り組みがあったということだった。

では、「豊かな暮らし」とはどのようなことをいうのだろうか。その基本方針に「自己決定・自己実現の支援」が掲げられている。現在、ゆうらくの入居者は、全員が認知症を患っておられる。こうした状態のなかで、自己決定を尊重する支援の実現は、決して簡単なことではないだろう。

そこで、ゆうらくの方向性として、できるだけ介護職員の負担を軽減し、介護の現場に「ゆとり」をつくり出そうとしたのではないかと推察する。そのためにはさまざまな合理化が必要であり、福祉用具の導入、IT化を行ってこられたのだ。「皆が、楽に・安全に・快適に・違和感なく」という発想から、現場に「ゆとり」をつくり出そうとされている。介護の現場でよく耳にするのが「大変」という言葉だ。だが、働く側が「楽に（楽しく）」仕事をすることこそが、ケアを変えていくということだ。

「楽に」ということは、決して手を抜くということではなく、人力以外で対応可能な業務は機械化するというシンプルな考え方だ。よく耳にする「腰痛を 3 回くらい経験しないと 1 人前にならない」というような誤解を払拭しなくてはならないと思う。

ゆうらくが目指す、高齢者の自己決定にこだわる支援は、高齢者の潜在的機能の発掘につながる。そして、高齢者の自分の暮らしへのこだわりを引き出すことによって、遠くに追いやっていた自分を取り戻すことを可能にするのではないかと思う。

ハードをうまく使いこなすカギは、自らの職場・仕事への自負心

「自己決定・自己実現の支援を可能にする居住空間とは？」との思いから見学させていただいた。廊下が広く、あちらこちらに置かれているアンティークの家具が目についた。あとで伺ったことだが、理事長が自ら、施設建設の際に見つけてこられたとのこと、空間を落ち着かせる技をおもちのようだ。加えて、あちらこちらに活けられている草花に興味が惹かれた。ボランテイアの方が、自生している草花をおもちになり、活けていってくださっていると伺った。季節感はもちろんのこと、地元感とでもいうのだろうか、入居者は、ふと自宅の庭や川べりの光景などを思い出されるのではないだろうか。認知症ケアには、五感への働きかけが重要であると言われている。こんなところへの気遣いに感心した。

また、ユニットリビングの形態がユニットごとに異なっているのに少々驚いた。都市型では、どのユニットも同じ形態で設計されているため、内部の造りが均質化しがちである。しかし、ゆうらくではユニットごとに形態が異なっていることから、パブリックスペースの仕様が異なっている。一軒一軒の家が違っているように、ユニットは一軒の家であり、ユニットごとに共有する暮らしがあり、その前提として、プライベート空間としての個室が存在するということだ。お昼どきに伺ったということもあり、ユニットリビングでみなさん過ごされていらっしゃった。思い思いに、ゆったりと昼食後のひとときを過ごされておられた。

「ゆったりと」という時間の過ごし方がとても大事ではないかと思う。高齢者施設では、どうしても職員の仕事時間やペースが優先される。しかし、そうであってはならないというのがユニットケアではないだろうか。「ゆったりと」した時間のなかに、個々の入居者の方々への支援が組み込まれていくということではないかと思う。必要なことを、必要なだけ、必要なときにすること、それには、何が必要なのか、いつ必要なのかの分析ができているということだ。さらに言えば、動線の適正化ということが必要になると思う。個室からユニットリビングへの動線をうまく考えなくてはならないということだ。動線のなかに、単に移動ということではなく、とかく動線が短くなる入居者の方々への刺激になるような動線を考慮したしつらえということだ。

住まうということは、ハードはもとよりのこと、ハードをうまく使いこなせる技が関係する。山野さんは、「個々の職員の『感性』が問われている」と話されたが、それには、自らの職場・仕事への自負心をもてることが前提になるだろう。ゆうらくの職員の方々に、ゆうらくへの自負心を感じながら戻った。

● 施設・法人の概要 ●

住　所：〒683-0337　鳥取県西伯群南部町落合480

法人名：社会福祉法人　伯耆の国

施設名：特別養護老人ホーム　ゆうらく

ユニット数：ユニット数　9ユニット
　　　　　　　ユニット定員数　100人

利用形態：特別養護老人ホーム　　　　　グループホーム　　　　保育園
　　　　　　ショートステイ　　　　　　　訪問介護
　　　　　　デイサービスセンター　　　居宅介護支援

利用者数：入居95人、短期5人

職員数：施設87人、法人全体219人

開　設：2003（平成15）年5月1日

理事長：山野良夫
　　　　　昭和49年4月1日　　旧西伯町（現南部町）職員採用
　　　　　平成16年3月31日　　　同上　退職
　　　　　平成16年4月1日　　社会福祉法人 伯耆の国採用
　　　　　平成23年6月12日　　　同上 理事長就任
　　　　　　　　　　　　　　一般社団法人 日本ユニットケア推進センター
　　　　　　　　　　　　　　会長就任

連絡先：電話番号　0859-66-2253
　　　　　FAX　0859-66-2282

第 **10** 章

職員が人間として成長し、輝くケア

——「3K」職場の払拭——

社会福祉法人 寿光会
特別養護老人ホーム 天恵荘
亀井 道信

● ケアの哲学と実践に向けた考え方 ●

1 介護人材不足

「介護業務は、3 K（きつい、汚い、危険）職場」というネガティブなイメージが浸透し、全国的に介護人材不足が深刻化している。

2025年には介護職員が34万人も不足することが予測されており、今後、介護職員は毎年6.8万人〜7.7万人増員しなければならないといわれている。

しかし、全国の介護福祉士養成施設の定員は減少が続き、定員の充足率も悪化の一途をたどっている。2017年（平成29年）の定員充足率は、過去最低の45.7％で、結果、学校経営も厳しくなり、閉鎖する専門学校も出てきている。今後ますます介護職員のニーズが高くなるなかで、将来の介護を担う若い人材が減少していることは深刻な事態といえる。

人口減少社会では、労働人口の減少による労働力不足が全産業で大きな問題となる。なかでも介護分野の有効求人倍率は、全産業より高い水準で推移している。そうした状況で、いかに介護人材を確保していくのか、各介護事業所はもちろん、社会保障政策を維持していくために、国としても取り組まなければならない大きな課題である。

2 介護人材の確保、育成

介護事業所へのアンケートでは、職員が不足している理由として「採用が困難である」「事業を拡大したいが人材が確保できない」「離職率が高い」がおもな理由として挙がっている。

また、採用が困難な理由として「賃金が安い」「仕事がきつい」「社会的評価が低い」などが回答として挙がっている、

国および地方公共団体では、介護人材確保のために介護職員の処遇改善、社会的評価の向上、定着率の向上、キャリアアップの支援など、さまざまな施策を多岐にわたって実施している。

（1）離職防止への取組

介護事業所では、離職の防止に努める必要がある。採用が困難となっている現状では、離職があっても、ただちに人員の補充はできない。補充ができたとしても、新人が成長し、独り立ちするまでにかなりの時間を要する。その間、ほかの職員は夜勤や超過勤務が多くなり、過重な負担がかかることになる。

また、新人の育成には時間も手間もかかる。離職の多い職場の労働環境は悪化し、事故や苦情も多くなる。職員間の不満が鬱積し、新たな離職者が出てくる。このような介護の現場では、モラルハザードが起き、質の高いケアは望むべくもない。

　財団法人社会福祉振興・試験センターでは、介護福祉士が職場を退職した理由の調査をしている（表１）。個人的な理由による離職はともかく、離職が多い職場には、それ相応の原因があるはずである。よく分析し、それぞれの事業所の実情に合った取り組みが必要となる。

　さらに、事業管理者は、事業所に働きがいがあり、働きやすい職場になるよう努めなければならない。そのために、「法人・事業所の理念や運営が適切に実行されているか」「結婚、出産・育児があっても元の職場に復帰ができるようになっているか」「人間関係がうまく調整できる労務管理ができているか」「待遇の改善に取り組んでいるか」「キャリアパスは明確に示されているか」「労働時間、休日、勤務体制が適切か」などについて真摯に取り組む必要がある。

　そのようななか、事業の規模による注目すべき事実がある。大規模事業所ほど介護職員の給与水準が高く、離職率が低いというデータである。労務管理も事業規模の大きいほど、配置転換やキャリアパスなどの人事に多様な選択が可能となっている。このように経営者、管理者は長期的な視点で身の丈に合った事業の拡大を検討することも必要で

表１　過去働いていた職場を辞めた理由（介護福祉士：複数回答）

出所：公益財団法人社会福祉振興・試験センター「平成24年度社会福祉士・介護福祉士就労状況調査」

ある。

（2）人材確保・採用

　採用の募集をしても応募者がないために人材が不足している現状がある。それに対しては、募集段階の取組みの見直しや採用基準や選考に関する改善が有効となることがある。また、関係機関、介護福祉士養成施設との連携、ホームページの活用や広告媒体等を利用し、多様な採用方法を工夫する必要がある。

　そのほかにも、事業所の評価を高める努力も必要で、質の高いケア、地域との交流、関係機関等との交流といったことにも積極的に取り組むことが重要となる。

　今後は、外国人技能実習制度による介護職の外国人受け入れも選択肢の一つになる。外国人の採用については、その影響や効果、体制などについても検討する必要がある。

（3）人材育成

　介護人材の育成・定着には、研修が何より重要となる。研修計画を作成し、新人研修、中堅職員・管理者研修等、各職種、職域に応じた研修によって事業所の内外を通じて知識、技術の習得を図る。また、マニュアルの整備や周知のための研修なども必要である。特に新人研修では介護の未経験者を採用することもあり、時間をかけて実施することにより離職の防止にも役立つ。

　また、職員の自主的な能力開発、自己啓発について、経費の一部助成や勤務についての配慮といった支援体制も検討するとよい。

3 介護という仕事

（1）介護職のやりがい

　一般の企業は、営利を求め、生存をかけた競争社会のなかにある。そのため、不正や不祥事の報道が後を絶たない。良心の呵責に悩まされながら働いている人も世の中にはたくさんいる。しかし、介護という仕事は、人の役に立ち、感謝され、時には感動もある、やりがいのある仕事である。

　大妻女子大学人間関係学部の「特別養護老人ホームにおける介護職員の仕事のやりがいに関する研究」による分類では、「利用者・家族に喜んでもらえること」「利用者の状態が維持・向上すること」「利用者・家族・同僚に頼りにされること」「介護の仕事に対する価値観を持っていること」「利用者と関わることによって自己の変化を感じること」「チームで協働すること」「利用者の最期に携わることができること」の7カテゴリーに

分類され、さらに細かい項目に考証されている。

このような介護のやりがいについて、もっと啓蒙活動をしていく必要があるのではないだろうか。

(2) ユニット型特別養護老人ホームの特徴

厚生労働省は2025年までに特別養護老人ホーム（以下、特養）（地域密着型特養を含む）の入所定員のうち70％以上を、ユニット型とする整備方針を定めている。ユニット型の特養では、家庭に近い環境で、入居者の生活リズムを尊重した個別ケアを実践していることから、多床室の特養の集団的なケアと違ったやりがいがある。また、個室ということもあり、家族の面会の機会が多くなり、そうした家族との信頼関係や感謝の言葉によって、やりがいを感じるということも多く聞かれる。

(3) 看取りケアについて

多床室の特養に比べ、ユニット型特養は個室による個別ケアをしており、看取りケアに適しているといわれている。

近年は、厚生労働省も介護報酬に看取り加算を認め、積極的に老人ホームでの看取りを推進している。

介護職員にとっては、今までお世話していた入居者が亡くなるという喪失感はある。しかし、それ以上に「人生の最終章にふさわしい最期を迎えたい」という入居者、家族の思いに応えることができたことや、自分たちにできることをしてあげることができ、穏やかな最期を迎えるお手伝いができたことに満足感や、やりがいを感じる介護職員が多く見られる。

厚生労働省も「今後、地域包括ケアシステムの構築が進み在宅での看取りの増加が見込まれることから、特別養護老人ホーム等においては、生活の場における看取り介護の経験を地域へ還元することで地域住民の不安解消に努めることも求められるところであり、こうしたことは地域への貢献として社会福祉法人の重要な役割である」と期待しているところである。

● 実践レポート ●

4 介護を通じての人間的成長

介護という仕事を通じて、入居者や家族とのコミュニケーションからさまざまな人生経験や考え方を学ぶことができる。そして、介護は将来、自分自身にも関係することに

なり、介護の経験が生かされることになる。

　自己啓発や仲間とのコミュニケーション、上司や先輩からの指導等による人間的な成長ができる仕事である。また、看取りケアは、入居者の人生の最終章にかかわり、人間の尊厳や死について考えるよい機会となる。介護の仕事について、その時々のさまざまな意義づけを心がけながら仕事をすることができれば、自分自身の人間成長に大きな影響を得ることができる。

　このように考えることができれば、介護という仕事を、一生の仕事として続けられるのではないだろうか。

■ 施設訪問レポート ■

現場への権限の委譲による、離職者を出さない職場の実現

コメンテーター：**野口 典子**
訪問：2018（平成30）年8月28日

■ 身の丈にあった規模、事業の充実を目指す

　2018（平成30）年8月28日、長崎県諫早市にある社会福祉法人寿光会　特別養護老人ホーム天恵荘にお邪魔し、理事長の出口喜男さん、施設長の亀井道信さんにお会いした。

　天恵荘は、1972（昭和47）年に開設された従来型の特養を、2005（平成17）年に現在のところに移転新築を行うのと同時にユニットケアとして再スタートを切った。社会福祉法人としては、養護老人ホーム、盲養護老人ホーム、居宅サービス部門、保育所等を併設している。また、いさはや有喜福祉村として、同系列に医療法人和光会が経営する病院、老人保健施設などがあり、まさに高齢者総合施設といったところである。

　天恵荘は、現在8ユニット88名とショートステイ2ユニット15名という規模で運営している。こうした規模でのケア実践と職員の働き方の工夫について、お話を伺った。

　1972（昭和47）年創設の天恵荘は、施設の老朽化に伴い、建て替えが必要になった。おそらくこうした問題は、日本のあちこちであることだ。そうした建て替えをどのように乗り切っていくかということが、今後大きな問題になってくるのだろう。

　天恵荘の場合は、代替地をうまく動かし、新築という形で再スタートを切った。ただその際に、当時から勤務されていた現施設長である亀井さんには、「もっとよいケアをしたい」という思いがあり、そうした思いを理事長の出口喜男さんが受けとめられたということだ。とはいえ、「ユニットケア」の大まかな形はできてはいたものの、ケアの中身については、苦労されたのではないかと思う。亀井さんの場合、従来型集団的介護を対極においての「ユニットケア」だったようだ。

　基本理念には、「利用者本位、人権の擁護」「家庭的な雰囲気」「安全で安心できるサービス提供」「専門性の向上」が掲げられている。こうしたケア重視にあって、もう一方で、働く側が守られなくてはならないということが挙げられている。つまり簡単に離職者を出さない職場づくりということだ。

　そのための方策として、現場への権限の委譲が行われている。介護現場における人事に関してもユニットごとに介護部長レベルで多くを決定していくという方式をとっている。ユニットリーダーの役割を十分配慮するという運営方針だ。そのため、多様な研修への参加を促し、キャリアパスの形成に努めているとのことだ。ユニットケア推進センターのリーダー研修への参加は職員への動機づけとなり、さらには専門職集団を形成す

123

ることができたとのことだった。こうした研修への参加は、法人の規模や複数事業所をもつということから可能になったとおっしゃっておられていた。

高齢者福祉ニーズは拡大してきている。こうした現実をふまえ、「身の丈にあった規模、事業の充実」という言葉が印象に残った。

自宅と落差のない「生活空間」づくり

理事長の出口さんのご紹介のなかで、「眺望も財産」というご説明があった。まさに、穏やかな海原の向こうに普賢岳を望むという東西南北に広がる眺望は、ここに住まう入居者や家族だけでなく、職員もどれだけ心を和ませていることかと思う。

ちょうど午前中のクラブ活動の時間にお邪魔した。ボランテイアの書道の先生が熱心に、一人ひとりを指導をされていた。入居者の方々も真剣に集中して、書を楽しんでおられた。作品は居室などのあちこちで見られた。ただ、このところ、なかなか参加できる方がいなくなってきているとのことだった。特養において、アクビティプログラムの開発は今後重要であり、「する」活動ではなく、「みる」「聞く」などの五感を使ったプログラムの展開が必要ではないかと思われる。

施設長の亀井さんのご案内で施設見学をさせていただいたが、天恵荘の場合、リビング以外のパブリック・セミパブリック空間が充実されていると感じた。ユニットごとにそのしつらえが違っていて、職員の方々の気遣いが感じられた。居住空間の演出という技術がユニットケアにはとても大切なことだと思う。そうしたとき、その地域の入居者のそれまでの生活様式に配慮した演出が重要になってくるのではないかと考えさせられた。伺ったところ、家族の協力を得ながら、家にあったものや好きだったものなどを意図的に配置しているとのことだった。

基本理念にある「家庭的な雰囲気」というのは、一般によく言われてきたことだが、実は、特養での暮らしが、家族と過ごしてきた時間、生活様式といったことに基づいて形成されているということではないかと思った。それは生活の継続性ということを大事にするということであり、特養が入居者や家族にとって、自宅とは別の空間であることは現実だが、その暮らし方に落差が生じることのないようなケアの力が必要なのだ。

ケアの力を養成していくことは簡単ではなく、ケア（介護）が高齢者の"日常生活の保持"であるがゆえに、そこで求められるケア力なるものの専門性を見失いがちになる。ゆっくり、じっくり培っていただきたいと思う。

● 施設・法人の概要 ●

住　　所：〒854-0121　　長崎県諫早市有喜町537－5

法人名：社会福祉法人　寿光会

施設名：特別養護老人ホーム　天恵荘

ユニット数：入居8ユニット（定員10人×4ユニット、12人×4ユニット）
　　　　　短期入居2ユニット（8人×1ユニット、7人×1ユニット）

利用形態：特別養護老人ホーム、短期入居、通所介護、訪問介護

利用者数：特別会後老人ホーム　定員88人、短期入居、定員15人　通所介
　　　　　護　定員30人

職員数：常勤69人（男20人、女49人）、非常勤21人（男1人、女20人）

開　　設：昭和47年4月1日

施設長：亀井道信
　　　　　1951年愛媛生まれ。大学卒業後、建設会社に就職。81年から特別
　　　　　養護老人ホーム天恵荘入職。経理事務、施設整備等を担当。事務長、
　　　　　副施設長を経て、2014年より現職。社会福祉法人寿光会理事、長
　　　　　崎県老人福祉施設協議会理事、諫早市健康福祉審議会委員、諫早市
　　　　　社会福祉協議会評議員、医療法人評議員、長崎県県央圏域人材確保
　　　　　対策地域連絡協議会会長。

連絡先：電話番号　0957－28－2304
　　　　　FAX　0957－28－2306
　　　　　ホームページ　uki-fukushimura.jp/tenkeiso

第11章

地域を愛し、地域の一員として愛されるケア

社会福祉法人 青山会
特別養護老人ホーム くわのみ荘

跡部 尚子

●　ケアの哲学と実践に向けた考え方　●

1　公益事業展開に必要な2つのポイント

　1973（昭和48）年に創立した社会福祉法人青山会（以下、当法人）には、40年以上の歴史がある。人が40歳位になると「イイ大人なんだから」と言われることがよくある。このときの「イイ大人」とは、自分のことだけではなくて、「少し視野を広げて周囲に目を向けてみましょうよ！」という含みをもっていると思う。

　当法人も創立以来、乳幼児期を経て青年期、壮年期と育ち、いわゆる「イイ大人」の時期を迎えたと理解している。すなわち当法人が運営する社会福祉事業に専念しながらも、地域の実情やニーズに目を向けて、法人内の各事業で長年にわたり培ったスキルや知識を、積極的に地域へのお役立ちに還元するべきだと考えた。

　この考えをもとに公益的な事業を展開するにあたって、2つの重要なポイントがあると考える。1つは法人内での理念の共有。つまり「なぜその事業をするのか」という共通理解が必要となる。もう1つは事業を存続する仕組みづくり、体制をつくることである。

2　法人理念の共有と事業存続のための仕組みづくり

　まず、法人理念である「あなたのために　あなたの大切な人のために　みんなで幸せ笑顔で応える　くわのみ荘」を共有するために、理念塾という全職員参加型の研修を、2000（平成12）年より毎年開催している。この理念塾では、理念の解釈はもとより、長中期目標やビジョンを語り、短期目標での新規事業や地域貢献活動の目的、意義を説明している。それらを全職員が分かち合うことで事業所間を超えた一体感が生まれ、連帯感が強まり、関心が芽生える。

　また、現在の社会福祉法人に課せられている義務を認識できるように、当法人が向き合う対象は、サービス利用者のみではなく、地域に暮らす方々や職員、子どもから大人までを網羅した人のニーズが対象であること。そして、そのニーズに対して、これまで培われた知恵、知識、スキルで応えていくことを、理念が謳っていると再確認している。

　そして、地域の方々や職員から発せられたニーズが、たとえたった1人のニーズであったにせよ、そこに打開策や解決策を見出し、策を打つことが大事であり、そのことは、いつしか別の誰かのニーズを満たすことにつながり、新たな仕組みを生み出すことで、多くの方の役に立つことがある。

　また、地域貢献を事業としていくためには、単発のイベントごとで終わらずに、「毎

地域を愛し、地域の一員として愛されるケア ● 第11章

週」「隔週」「月１回」「年１回」など、いずれにしてもリズムをもって連続していく仕組みづくりによって「継続性」をもてるかが鍵となる。

さらに地域の方々に適材適所の役割を担ってもらえるような働きかけと、自然に巻き込んでいく雰囲気づくりに加え、法人内の職員が共通認識をもち、多くの職員が携わる仕組みづくりも合わせて必要である。

● 実践レポート ●

3 おもちゃ図書館の設置

特別養護老人ホームくわのみ荘（以下、当施設）は、1995（平成７）年、熊本県内で２番目に、特別養護老人ホーム（以下、特養）内に「おもちゃ図書館」を設置する施設となった。当時、特養内に障害児や健常児がおもちゃを介して交わる場を提供するという考えは、斬新なものだった。

きっかけは、地域と社会福祉協議会（以下、社協）から「ほかの地域の特養でおもちゃ図書館が開設され、施設利用者をはじめ、子ども、ボランティアが交流し、よい効果が出てるので、くわのみ荘でも開設を検討できないか」という打診だった。

当時の管理者、理事会は業界に事例のないこと、また、これまでの「地域への開放事業」が、ボランティアの受け入れや学校からの見学、体験ということが主流でだったことから、異年齢が交流する場を施設が提供し、しかも常設という形に、「高齢者にも子どもにも危険な面があるのでは」と危惧され、なかなかスムーズには開設へと事が運ばなかった。

そこで、おもちゃ図書館開設第１号の特養に行って話をうかがったり、再度、施設側と民生委員、社協との話し合いを重ね、開設できることになった。

おもちゃ図書館の当番には、民生委員、ボランティアグループ、障害児をもつ親の会といった人々が受けもってくれた。いざオープンすると、訪れる障害児、健常児はおもちゃを介して自然に戯れ、そのにぎやかな光景を車椅子や認知症の利用者が微笑ましく遠巻きに眺めたり、一緒に遊んだりという時間が流れていった。開設前にあった「危険では？」とい心配はまったくの杞憂に終わり、この光景が私達職員やご家族、地域の方々の目に、そして心に刻まれた。

25年前のこのアクションこそが、その後の配食サービス、オレンジカフェ（認知症の方をはじめ、その家族や地域住民などが集まる場）、土曜農学校、こどもキャンプ、終活カレッジなどにつながる原動力であった。

129

4 終活カレッジの立ち上げと花道ノートの作成

　終活カレッジは、まだ「終活」という言葉が市民権を得ていなかった2012（平成24）年に立ち上げた（図1）。立ち上げの背景には、特養での看取りケアを通して「終末期の医療や看取りにおいて、本人による意志決定がなされず、家族が悩みながら選択・決断をしていくのはおかしい」という悩みがあった。

　在宅においても、本人の意志とは裏腹に救急搬送され人工呼吸器を装着する、というケースが少なくないという現状があった。そのため、高齢者福祉や終末期医療の現状を伝えながら、自分の終末期の生き方について選択・決定をする場をつくろうということが出発点だった。

　教材としては、「花道ノート」という、人生の棚おろし、相続、遺言、認知症、介護保険制度、終末期医療、葬儀、お墓、という項目によるオリジナルのエンディングノートを用意した（図2）。

　カレッジの内容として、ただ知識を学ぶということではなく、講座の合間にカルチャーと称して趣味活動の講座も挟んだ。そのことが功を奏して、半年におよぶ講座期間を楽しみながら受講してもらえ、受講生同士の交流も活発になった。終活カレッジの修了生の多くから「自分の終末期に対する不安が解消された。自分のやり残したこともわかった」との意見が上がり、ついには修了生の1人が発起人となり、週に1回の「ソーイングカフェ」を開き、現在も地域のソーイング好きの皆さんの集まる場となる活動が継続している。

　法人が企画した終活カレッジからソーイングカフェにつながったことで、地域の人々の拠りどころが1つ新たに生まれたことは、うれしい副産物であり、これこそが地域力だと実感している。

地域を愛し、地域の一員として愛されるケア ● 第11章

図1　終活カレッジの取り組み

くわのみ終活カレッジ

平成２９年　【第１２期】講座

・全12講座
・カルチャーはエンディングノート書き込みサポート
（遺影撮影会も行います）

月	日・曜日	時間	講座	講座内容／カルチャー	料金
9月	20日 第3水	13:00～	★開講式 ①人生の棚卸し	終活とは‥‥。終活の目的。 自分がこれからどう生きたいのか考えましょう	500円 （エンディングノート代）
10月	4日 第1水	13:00～	②老後のお金 ③成年後見制度	老後にとって大切なものの一つはお金。 しっかり資産を守って、有意義な生活を送りましょう。	100円 （資料代）
10月	18日 第3水	13:00～	★カルチャー	エンディングノート書き込みサポート	実費
11月	1日 第1水	13:00～	④相続 ⑤遺言	残す家族に迷惑を掛けないよう、ずっと仲良くできるために 相続と遺言に対する知識を持ちましょう。	100円 （資料代）
11月	15日 第3水	13:00～	★カルチャー	エンディングノート書き込みサポート	実費
12月	13日 第2水	13:00～	⑥老後の暮らし ⑦認知症	「老いる」とはどういうことか？また、認知症への正しい理解を持って、 これからの暮らしをイメージしましょう。	100円 （資料代）
12月	27日 第4水	13:00～	★カルチャー	エンディングノート書き込みサポート	実費
1月	17日 第3水	13:00～	⑧介護保険制度 ⑨終末期医療	介護保険サービスや介護施設についての知識を持ちましょう。終末期 医療の実際を知り、望む終末のあり方について要望を残しましょう。	100円 （資料代）
1月	31日 第5水	13:00～	★カルチャー	エンディングノート書き込みサポート	実費
2月	14日 第2水	13:00～	⑩葬儀 ⑪お墓	葬儀とお墓の現状を知り、自分と家族が望む葬儀と供養に ついて考えましょう。	100円 （資料代）
2月	28日 第4水	13:00～	★閉講式／茶話会	エンディングノート書き込みサポート	実費

図2　花道ノート

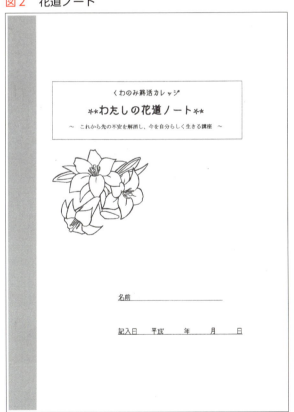

131

■ 施設訪問レポート

これからの特養は、「何か特別な処」から「当たり前の住まい」に

コメンテーター：**野口典子**
訪問：2018（平成30）年8月27日

■ 「イメージを超えた特養」というキャッチコピー

　2018（平成30）年8月27日、熊本県にある社会福祉法人青山会　特別養護老人ホームくわのみ荘に訪問した。当日は理事長であり施設長の跡部尚子さんからご説明を受けた。

　社会福祉法人青山会は、現在、くわのみ荘事業所内保育所も含め、高齢者関係施設を熊本市内に展開されている。15年前、従来型であった特養のリノベーションに着手することになり、ちょうど新型特養への切り替えでもあったことから、「もっとよいケアができないか」という問いのなかから、"ユニットケア"に出会ったとのことだった。跡部理事長は「制度が後押しをしてくれた」とおっしゃっていたが、「もっとよいケアをしたい」という一念が、今日のくわのみ荘をつくってこられたのではないだろうか。その原点は何かということだが、跡部理事長は「高齢者を生活の主体者としておいてみたら、見方が変わる」とおっしゃっておられた。

　私たちは、特養というところをどのようなところだと考えているのだろうか。改めてそう問うてみると、いかがだろうか。たしかに、私たちは、自分が選択した住居に家族と暮らしている。しかし、「超高齢化・人口減・単身化」時代にあって、最後まで自宅で家族と暮らすということがはたして可能なのだろうか。高齢者本人が超高齢になるということは、家族（子世代だけでなく孫世代も）も高齢化していくことになる。そうした時代にあって、特養という場は、多くの高齢者にとって、一緒に過ごしてきた家族の安心をつくり出す「もう一つの住まい」なのではないか。

　長い間、わが国の高齢者施設は「何か特別な処」として考えてきてしまっていた。しかし、もはや21世紀半ばの超高齢時代には、当たり前の住まいになっていかなくてはならないのではないかと考える。くわのみ荘のキャッチコピーはそうしたことを暗示しているのではないかと思う。

■ 「自分らしく輝ける場」とは

　くわのみ荘では、「24Hシート」をしっかりと共有されているというお話だった。視点を入居者主体というところに置けば、おのずと「個別ケア」が必要となる。個別ケアを実践していくには、入居者自身を的確に分析し、何が必要なのかを分析していくことが必要となる。そのツールが「24Hシート」であり、チームワークケアを実践するため

の共有ツールであるということだ。入居者の暮らし方は多様である。起床時間、朝ごはんの時間、お茶の温度など、こうしたケアの積み重ねが、高齢者のいのちを支えることであり、一日一日の豊かな暮らしをつくっていくことになる。しかし、そうした日々のケアは提供する側にとっては、ややもすると単調な"作業"になってしまいがちだ。

私たちの仕事は、"作業"になってしまってはならない。それは、私たちの仕事が、入居者の方々にとっては、大事な人生の一コマであり、大切な日々だからである。

地域から選ばれる特養になるということは、ただ単に、私たちが考える「よいケア」をするということだけではなく、地域の方々が、くわのみ荘のことを理解してくださるということではないか。

くわのみ荘では、そのために地域に積極的に関わってこられた。その一つが終活カレッジであり、そこから生まれた独自のエンディングノートの提案だ。こうした終活に関して提案ができたのも、特養での「看取りケア」の実践のなかからだそうだ。特養が行ってきたケア実践から得られた知見が地域のみなさんに評価されたということであると思う。終活とは、お金や葬儀などのことだけではなく、家族や知人との関係を切り結ぶことであるということであり、人間の死のプロセスは、残されたものへの大事な教育の機会なのだとおっしゃっておられた。

■ 一人ひとりの入居者の生活のリズムを熟知した空間づくり

玄関からコミュニティスペースは、とても楽しい空間となっている。子どもたちの秘密基地や、懐かしい品物が並んでいる出店など、楽しさがたくさん詰まっていた。子どもたちのにぎにぎしい声が聞こえてくるようだった。

あるユニットの居間の壁に、以前入居されていた方の直筆が飾られていた。「むりせず」とは、現代社会へのひと言のように思える。

ユニットのなかの空気感はとてもゆったりとしていた。入居者の方々の"好み"の場所で、昼下がりのひとときを思い思いに過ごされていた。入居者の方々の状態に応じて過ごしていただくということなのだろう。

一人ひとりの入居者の生活のリズムを熟知し、お仕着せでない暮らし方をどのように保持していくのか、相手への尊重を忘れないケアをどのように共有化できるのか、高齢者ケアのあり様を見せていただいたように思う。

「The Climax」と題された、素敵な写真集をいただいた。そこにはくわのみ荘の四季を楽しまれておられる入居者と職員の笑顔があふれている。人々が集う場が特養であり、高齢者施設であることが誇らしくなった。

● 施設・法人の概要 ●

住　　所：〒861-5521　熊本県熊本市北区鹿子木町405

法人名：社会福祉法人　青山会

施設名：特別養護老人ホーム　くわのみ荘

ユニット数：ユニット数12　定員125　利用者数：125

利用形態：特養、短期入所、居宅介護支援事業、通所、認知症対応型通所、
　　　　　訪問介護

利用者数：125名

職員数：170名（全事業所、パート含む）

開　　設：1973年8月27日

理事長：跡部尚子
　　　　社会福祉法人青山会　くわのみ荘　理事長兼施設長

連絡先：電話番号　096－245－1447
　　　　FAX　096－245－1448
　　　　ホームページ　http://www.kuwa.or.jp

第 12 章

「老い」を尊重し、「老い」に礼を尽くし、「老い」に学ぶ

―弁証法的に発展する「個別ケア」の深化と

ナラティブ（物語）アプローチ―

社会福祉法人 杜の里福祉会
特別養護老人ホーム 一重の里
山﨑 和彦

1 山崎シゲのケアの哲学に学び、「ケアの科学化」を図る「個別ケア」

　社会福祉法人杜の里福祉会・特別養護老人ホーム一重の里（以下、一重の里）は、現在、一般社団法人日本ユニットケア推進センター（以下、日本ユニットケア推進センター）の実地研修施設に認定されているが、その経営の哲学と実践の源流は、筆者が40年間勤めている岩手県大船渡市に、1976（昭和51）年に開設された富美岡荘で長らく理事長を勤められ、現在会長の山崎シゲの哲学および実践によるところが大きく、同法人が事実上の母胎である（現在は、筆者が同施設法人の理事長）。

　富美岡荘の実践は『富美岡荘物語――すべては愛から始まった』（佐賀由彦著、佐藤眞一監修、中央法規出版、2004年）に詳しいので、それを参照してほしいが、そのエッセンスを述べるとすれば、以下の10項目の哲学に基づく実践である。

---

① 相談されたらいやとは言わないケアの実践とサービス開発

② 看取りを尊重できることが究極のケア、ケアの根源

③ 食べる喜び、食べたいと思う心を尊重するケア

④ 不安に寄り添い、和らげるケア

⑤ 生きることを喜び合えるケア

⑥ 一期一会のケア

⑦ ケアの言語化、データ化によるケアの科学化、見える化

⑧ 地域を愛し、地域に愛されるケア

⑨ 「老い」を尊重し、「老い」に礼を尽くし、感謝し、「老い」に学ぶケア

⑩ 職員が人間として成長し、輝くケア

　従来のケアは、病棟に入院している人への看護を軸にした「医学モデル」に引き付けられすぎていて、患者の"療養"環境の整備、身辺の整容、ADLの改善といった支援が主たる目的になりがちであった。それは、ある意味、無機質的な機能重視のケアであったと言える。

　他方、障害者福祉施設や老人福祉施設では、"自立"できない人、家族が介護できない人を、いわば見てあげるという"上から目線"で、最低生活を保障するという考え方が強く、結果として集団的、一律的なケアになりがちで、人間性の尊重、個人の尊厳を踏まえた「個別ケア」になっていなかった。

　しかも、介護分野は、長い歴史がある看護分野に比べ、1987（昭和62）年まで国家資格がなかったこともあり、"人のいい、優しい、お世話好きの人"がお世話をすればいいという安易な発想から抜け出せず、「ケアの科学化」には程遠く、提供されるケアが

「老い」を尊重し、「老い」に礼を尽くし、「老い」に学ぶ ● 第12章

"属人的"になり、介護者本人の"経験則"で行われ、職場全体での介護の理念・情報・方法の共有化・共通化には程遠い状況が続いていた。

　それらの改善を目指すべく、当時の富美岡荘の山崎シゲ理事長は医師である夫（故人）とともに献身的に地域の高齢者を支える実践をしてきた。その後、山崎シゲ会長は、盲老人福祉施設をいち早く経営し、表彰を受けるなど、人間性豊かな実践を展開してきた。

　しかしながら、一重の里を大船渡市から遠い、仙台の地で開設、実践するにあたって、山崎シゲ会長の哲学、理念、実践方法をよりわかりやすく、かつ多様な職員の実践を共通化し、その実践を言語化させ、ケア理念の共有化と標準化を図るためには、一般社団法人日本ユニットケア推進センターが進めようとしていた「個別ケア」、24Hシートの具現化が必要と考えてその推進に積極的に関わり、「ケアの科学化」、人間の尊厳を踏まえた「個別ケア」の実践を展開しようと考えた。結果として日本ユニットケア推進センターの実地研修施設に認定されているということは、その理念が実現しているということである。

　改めて、当施設実践の母体となった富美岡荘で山崎シゲ会長が行おうとしてきた10項目は優れていたと思う。これらの項目は、本書の各章で個別に日本ユニットケア推進センターの実地研修施設の各施設の実践に基づき実証されているので、ここで改めてその哲学の適確性、重要性を述べることはしないが、それはまさに日本ユニットケア推進センターの実地研修施設でのケアの理念と実践の哲学と同じものであると思っているし、その当時は必ずしも十分な言語化ができなかったが、その理念、実践を追求してきた40年だったと思う。

2 「個別ケア」を大切にし、かつ「個別ケア」に囚われない"全人"的ケアへの弁証法的発展

　本施設は、このように「個別ケア」を大切にしてきたが、「個別ケア」を尊重するために、個々の生活上の機能とそれに関わる支援についての「ケアの科学化」、「ケアの言語化と共有化」はできたと思うが、ややもするとそれが機能的に流れていないか、、入居者を"全人的に尊重し、その人の自己実現にどれだけ寄り添うことができているか"は常に自戒、反省しているところでもある。

　山崎シゲ会長が「一期一会のケア」、「『老い』を尊重し、『老い』に礼を尽くし、感謝し、『老い』に学ぶケア」と言っている哲学的意味も再考する必要があるのではないか。

　経験則的に、また情感的に行われてきた介護現場において、サービスを利用する前に、当たり前に自分で行っていた生活のリズム、生活行動様式、生活文化をサービス利用後も変えずに"暮らしの継続"を標榜した日本ユニットケア推進センターの「個別ケア」

137

の考え方は素晴らしいし、その重要性は認めた上で、なおかつ気をつけなければならない点は「個別ケア」が本当にサービスを必要としている人の“全人的自立支援”になっているかということである。

「一期一会のケア」とは、かけがえのない1回きりの人生の、その時間、時間に立ち会って、その人を支える“本当のケア”になっているかということを自戒、自省する“戒め”の哲学である。24Hシートで「個別ケア」のあり方を十分アセスメントし、職員が“属人”的にならず、ケアの方法、提供の仕方を共有化、共通化させ、かつ本人の意思を十分尊重して展開しているとしても、時々刻々変わるサービスを必要としている人への関わりは、二度と繰り返すことができない時間、人間関係の変化であり、茶道で言われる「一期一会」の哲学に通ずるものであると考えている。

「『老い』を尊重し、『老い』に礼を尽くし、感謝し、『老い』に学ぶケア」も、機能的「個別ケア」とは異なる対人援助に係る職員の“全人的姿勢”、オーラともいえるもので、なかなか機能的に分節化させて考えることは難しい。

相田みつをの詩に「あなたの心がきれいだからなんでもきれいに見えるんだあ」や、「あの人がゆくんじゃわたしはゆかない、あの人がゆくならわたしもゆく、あの人あの人わたしはどっちのあの人か？」という言葉があるが、まさに同じような心境の場面である。

機能的には間違っていないが、どこか違うのではないか。そういった場面が介護現場には多々ある。理論的には、間違っていないし、話しかける言葉もていねいであるが、どこか人間関係が“冷たい”と思われてしまう“振る舞い”や“雰囲気”がある。それは、機能的「個別ケア」に問題があるのではなく、職員が無意識のうちに醸し出す態度、雰囲気、言葉の調子等によるものなのであろう。

それは言葉としては表現しづらいが、哲学としては「『老い』を尊重し、『老い』に礼を尽くし、感謝し、『老い』に学ぶケア」を常に職員が意識しているかどうかが、サービスを必要としている人に伝わってしまうのではないのだろうか。

だからこそ、山崎シゲ会長やアメリカの哲学者であるミルトン・メイヤロフが『ケアの本質—生きることの意味』の中で述べている「一人の人格をケアするとは、最も深い意味で、その人が成長すること、自己実現することをたすけることである」[1]、「ケアとは、ケアをする人、ケアをされる人に生じる変化とともに成長発展をとげる関係を指しているのである」[2]、「ケアすることは、…世界の中にあって、“自分の落ち着き場所にいる”のである。他の人をケアすることをとおして、他の人々に役立つ事によって、その人は自身の生の真の意味を生きているのである」[3]と指摘していることと同じである。まさに、“ケアとは、職員も成長し、輝く”ことができることなのであろう。

138

「老い」を尊重し、「老い」に礼を尽くし、「老い」に学ぶ ● 第12章

その点からすれば、職員が高齢者の生育史を知り、その故郷の方言、風物詩を学び、それを話題の糸口にして、入居者の生育過程の"物語"を語り、これからの人生の"物語"を語るケアはまさにケアワーク、ソーシャルワークにおけるナラティブアプローチであり、一緒に人生を振り返り、人生を紡ぐ営みではないか。

"情感的、属人的ケア"を分節化させ、事実（エビデンス）に基づく「ケアの科学化」を図るユニットケアを開発してきたが、それ（エビデンス）を基盤にしつつも、もう一段高め、その人らしい"物語"（ナラティブ）を創れるよう、弁証法的に発展させる"全人的ケア"をこれからも目指していきたい。

そのような新たな段階の、入居者も職員も相互に成長するということは、科学化されたケアを機能的に提供するだけではなしえない、相互の人間的に尊重し合える関係の構築が必要で、その根底には山崎シゲが言う"すべては愛から始まる"という「『老い』を尊重し、『老い』に礼を尽くし、感謝し、『老い』に学ぶケア」という高齢者への"愛"が必要ではないだろうか。そのための職員教育の在り方を今後とも深め、追求していきたい。

3 "全人的"ケアを可能にする生活空間の保証と考え方

このような考え方、哲学の発露の一つが、一重の里の生活空間に表れている。

一重の里のユニット型空間は、一般的ユニット型居室ではない。ユニットの広さは、一般的ユニット型居室よりも広く、もう一つのベッドをも置ける広さになっている。その空間は、入居者にとって心地よい広いリビングの空間でもあると同時に、家族や子どもたちと心置きなく、誰に気兼ねすることもなく利用し、寛げる空間でもある。

たとえ、夫婦の1人が要介護状態になっても、夫婦として他人の目を気にせずに、夫婦だけの水入らずの時間と空間を共有できる空間でもある。また、要介護の親を子どもや孫が心置きなく介護できるよう、必要ならベッドを持ち込んで介護できる空間でもある。

当施設には家族が宿泊できるようバス付の宿泊室もあるが、多くの人はそれを利用せずにユニット型居室を利用している。それはユニット型居室が空間的に広いということだけではなく、各居室にユニットバス・トイレが完備しているからである。そのユニットバス・トイレには天井走行型のリフトも取り付けられている。

このような配慮した空間を提供するのも、基本は「ケアの科学化」を進めた個別ケアの考え方を尊重した上で、なおかついくら年老いても、要介護の状態になっても夫婦だけの水入らずの時間を保証したいという人間的、家族的"全人的"対応をしたいという

139

思いからであった。

4 「個別ケア」を基盤にしつつ、仲間と喜び合えるケアの保障を求めて

　「個別ケア」は繰り返しになるがとても重要である。しかしながら、人間は社会的動物であり、集団的に行動する動物でもある。

　ついては、"非日常的"な"ハレ"の機会があってもよい。農村や漁村では、日常の厳しい労働の中にも、時に"非日常的"な"ハレ"の祭りや儀礼があり、人生を豊かにしてくれた。

　ユニットケアを実践している日本ユニットケア推進センターの実地研修施設の多くでは、昔ながらの駄菓子屋を設置したり、居酒屋を開設したりと、それなりの創意工夫をして生活に潤いや風情を醸し出したり、"ハレ"の機会をつくる努力がされていると思うが、当施設では、入居者、スタッフ、家族、ボランティアも参加する運動会を行っている。そのときの盛り上がりは大変なもので、日常の静かな雰囲気とは異なって、高揚感も高まり、全員で一体的に時間と空間を共有する。

　このような、多くの仲間に囲まれて、賑やかに生活を楽しむ"ハレ"の機会をどうつくるかは大切である。そして、かつての農村や漁村にあった風景である、多くの人が自由に出入りし、お茶を飲む状況をどうつくるかも、「個別ケア」をややもすると曲解し、本人個人の"暮らしの継続"だけに目が行きがちな状況を変えるべく、意識して日常生活に潤いやメリハリをつくることも視野に入れて実践に取り組むことが重要である。

　人間性の尊重、個人の尊厳を守ることの中には、その人の喜びや笑い、高揚感がもてる集団的活動の意味についても今後深める必要があるのではないだろうか。集団で、仲間とともに、心の底から笑うことにより、免疫力も高まり、生きる喜びも実感できるのではないのだろうか。

●引用文献
1）ミルトン・メイヤロフ，田村真：ケアの本質—生きることの意味．ゆみる出版，p13，1987.
2）ミルトン・メイヤロフ，田村真：ケアの本質—生きることの意味．ゆみる出版，p185，1987.
3）ミルトン・メイヤロフ，田村真：ケアの本質—生きることの意味．ゆみる出版，p15，1987.

施設訪問レポート

「すべては"願い"と"愛"から始まる。」という理念が浸透した施設づくりにみるケアの本質

コメンテーター：**石井　敏**
訪問：2018（平成30）年9月12日

■「人を育てること（人間教育）」こそがケアや運営を支える大きな柱

　数年ぶりとなる特別養護老人ホーム一重の里への訪問。開設後10年以上が経過した施設の成熟した環境と運営の今を楽しみに伺った。同施設は、質の高い建築と運営・介護とが融合した施設に贈られる権威ある賞「医療福祉建築賞」（一般社団法人日本医療福祉建築協会）を2009（平成21）年に受賞している。ユニット型施設のあるべき建築・空間像を示す施設として、またユニットケアの実地研修施設として、ハード・ソフトの両面からユニットケアを先導している。同施設がケアに向き合う際の姿勢『「老い」を尊重し、「老い」に礼を尽くし、感謝し、「老い」に学ぶ』の具体的な意味を、法人事務局長の川原伸章氏と施設長の伊藤真由美氏に伺った。

　高い理念を掲げても、それを理解し、行動に移すことができる人がいなければ、前には進めない。そのためにも「人を育てること（人間教育）」こそが、質の高いケアや安定した運営を支える柱であるという強い信念が根底にある。

　個々の職員がもつ人生観や価値観を大切にしながらも、法人組織として共有すべき揺るぎない信念をいかにして一人ひとりが理解し、身体と心にしみこませるか。創業者、そして理事長の「老いを尊重」する強い思いをいかにして職員に一人ひとりに伝えるのか。そこに特別な手法も近道もない。ひたすら言い続け、身をもって示していくしかない。一方で、理事長一人の力だけでは組織としての継続性と安定性は醸成できない。その想いをすべての法人施設、そして職員に浸透させていくためには、代弁できる幹部が必要となるし、法人職員全員が、細くても切れない糸のようなもので結ばれていく、そんな組織づくりが必要となる。

■「個別ケア」によって失われた「非日常性」を取り戻すケア

　今回の訪問では、ケアの具体的な話は全くしなかったが、あらためて振り返ると、実はケアの本質を議論してきたようにも思う。「ケアをする」という視点や概念を忘れさせることから、一重の里のケアは始まる。人生の大先輩である利用者を敬い、その方々の生き様から学ぶことを忘れない。その人に寄り添うことがすべてのケアの始まりでもあり、またゴールでもあるのだから。

　集団ケアが否定され、介護の場としての施設は「暮らしの場」としての施設に変貌し、

個別ケアが実践されるに至っている。一人ひとりのプライバシーが確保され、落ち着いた暮らしが提供される、そんな仕組みが整った。その一方で、ユニットという（閉じた）生活空間の中で静かな生活が展開されるようになった。よく言えば「落ち着き」のある生活、見方を変えると「単調」な生活である。また、集団ケアの現場にあった「賑やかさ」や「非日常性」がユニット型の施設では同時に失われた。

日常が安定しているからこそ必要となる生活上の「刺激」や「非日常性」を取り戻していこうというのが、一重の里ほか同法人全体での考え方である。例えば「お祭り」。何か特別なことがある、その日に向けて準備を重ねる職員。何があるのかワクワクして待つ入居者。日々のケアの中だけでは発揮できない、職員の力を発揮させ、個性を輝かせる機会となり、その特別な日・時間が日常とは異なる刺激を与える。ユニットケアの先にあるものを追い求めている。

┃「目の前」にいる人と向き合うことの大切さ

看取りについてもディスカッションした。「目の前」にいる方と過ごしている「この一瞬」がこの方と関わる最後のときかもしれない。老いに向き合うということは、そのような大切な時間を共にしている、その積み重ねの上に日々のケアがあることを、一人ひとりの職員がどれだけ意識することができるかである。

ユニットケア・個別ケアを当たり前のこととして学び、入職する職員が多くなる今後、ケアをさらに発展し、深化するためには、常に追い求める「何か」がなければならない。ケアの手法や技術にその「何か」を求めていては、いずれは行き詰まる。「目の前にいる人」からしか学ぶことができないし、そこにすべてがある。

「すべては"願い"と"愛"から始まる。」人間愛から始まった創業者精神であり、同法人の基本理念。お題目として唱えるだけの理念ではなく、実践する理念の大切さをあらためて再確認した。理念を実践の中で理解していこうとすれば、おのずとケアの質は高まり、また利用者の満足度も高まる。施設に入居する人は、確かに「介護が必要な人」である。しかしそれ以前に、一人の人として向き合うこと、その人の人生すべてを含めて理解し、「今」そこに生きていることの意味や価値を考える。ユニットケアを意識し、思いを込めてケアに向かえば向かうほど、ややもすればケア論やケア技術論、理想論に陥ってしまいがちな中で、あらためてケアの本質を確認させていただいた。

10年を経過した施設は、生活空間としての落ち着きと味を増していた。施設内ですれ違う職員からいただく丁寧な挨拶は今も昔も変わらない。人間教育がしっかりと行き届き、行われてきている証でもあり、10年経っても変わらない、そしてぶれない施設の姿勢をあらためて感じて施設を後にした。

142

「老い」を尊重し、「老い」に礼を尽くし、「老い」に学ぶ ● 第12章

● 施設・法人の概要 ●

住　所：〒982-0241　宮城県仙台市太白区秋保町湯元字上原35番8

法人名：社会福祉法人　杜の里福祉会

施設名：特別養護老人ホーム　一重の里

ユニット数：ユニット数9（長期7、短期2）　定員90（長期70、短期20）

利用形態：特養、短期入所

開　設：2007（平成19）年5月20日

理事長：山崎和彦

連絡先：電話番号　022－397－3777
　　　　FAX　022－397－3770

あとがき

1 ユニットケアとは、何か

「単なるケア論ではありません。施設を運営するシステム論です。」

ユニットケアについて、寄せられた疑問の言葉を紐解き、ユニットケアについて考えてみます。

(1)「個室があればユニットケアでしょ！」

 →そうではありません。ユニット型施設とユニットケア、それぞれがあります。

1963（昭和38）年に老人福祉法が制定され、特別養護老人ホームが誕生しました。特別養護老人ホームは、病院をモデルにスタートし、「特別養護老人ホームの設備及び運営に関する基準」（以下、運営基準）第2条の2にて、「特別養護老人ホームは、…入浴・排せつ・食事等の介護、相談及び援助…自立した日常生活を営むことができるようにする…」と定められました。

その方針は、「食事や入浴などの生活行為ができない人の支援」であり、介護現場では「どうしたら全員に生活行為の支援できるか？」と模索されるなかで、「全員一律に一斉の支援するのが良い」と考えられるようになりました。それに伴い、建物も支援が効率的に行える広い空間を主とし、多床室等になり、約半世紀、施設運営はなされてきました。

2000（平成12）年前後に、京都大学大学院の故外山義教授が「入居者の暮らしの尊厳」を提唱し、施設運営における「ソフト＋ハード」の必要性と、ケア論が中心の施設運営に環境（建物）の重要性を示されました。

そうして、小規模生活単位型（のちにユニット型）施設が、2002（平成14）年に誕生（制度化）しました。建物を"個室"と"生活行為をするリビング等"がある1軒の家の機能をもつクラスター（ユニット型）構造の集合体とし、そこに対する建設補助金がつけられ、ユニット型特別養護老人ホームの建設が促進されました。

現在、行われているユニットケア研修は、その翌年に開始されたもので、ケア論や運営論を学ぶ前に、建物にありきになったことが、「ユニットケアは個室でないとできない」という誤解を根づかせる原因のようです。

さて、なぜ、「ユニット型・個室」となったのでしょう。研修では、施設の役割を「施設＝自宅＋介護力」としています。現在、多くの人は、自宅に自分の部屋をもっています。であれば当然、施設も「暮らしの場」ですから、1軒の家のように、玄関があり、

146

自分の部屋があり、キッチンやくつろげる居間、風呂場など、普通にどこにでもあるような家の構造になると思います。

運営基準第33条には「ユニット型特別養護老人ホームは、…入居前の居宅における生活と入居後の生活が連続したものとなるよう…自律的な日常生活を営むことを支援…」が追加され、運営方針は「暮らしの継続」となりました。

また、運営基準の解釈通知「特別養護老人ホームの設備及び運営に関する基準について」では、「ユニット型特別養護老人ホームは、…居宅に近い居住環境の下で、居宅における生活に近い日常の生活の中でケアを行うこと、すなわち、生活単位と介護単位を一致させたケアであるユニットケアを行うことに特徴があり、…」と示されました。

これらを図に表すと、下のようになります（図1）。この図をみると、ユニット型施設とユニットケアそれぞれにその意義が存在することがわかります。ユニット型施設には、建物として個室やユニットがあり、支援方法としてユニットケアが存在します。そして、ユニットケアは、生活単位と介護単位を一致させた（固定配置）支援方法となります。

つまり、ユニットケアだけを取り上げれば、個室に限らず、多床室でも一定数で固定配置すれば、ユニットケアができることを示しています。

この理論は、2018（平成30）年に「特別養護老人ホームにおける個別ケアのガイドライン（老人保健事業推進等補助金・老人保健健康増進等事業・特別養護老人ホームにおける個別ケアの手法開発に関する調査研究事業）」で示され、特養は、施設種別に関わらずユニットケアを通して、入居者一人ひとりの個別ケアを推進していくこととされました。

しかし、2000（平成12）年頃の制度化前後は、半世紀近く行われていた運営論が根強く「個室…？」「小さく分節する…？」など、その建物構造の大きな変化に、当然戸惑いが生じました。当時、筆者は、ユニット型施設の施設長として多方面の関係者への説明に伺ったときにも、「個室は目が行き届かないので事故になるよ、どうするの？」「避

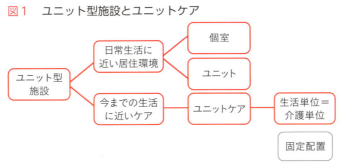

図1　ユニット型施設とユニットケア

「特別養護老人ホームの設備及び運営に関する基準について」より作成

難訓練が大変だよ！」という疑問を多く受けました。それだけ、「個室」という代物に強い拒否感が生じていました。

(2)「ユニットケアは、介護度の低い人でないとだめでしょ？」

 →そうではありません。

　2018（平成30）年度に、当センターが行った老人保健健康増進等事業「特別養護老人ホームにおける個別ケアの手法開発に関する調査研究事業」によって、特別養護老人ホームにおける平均要介護度は、従来型（4.01）・ユニット型（3.92）となり、決して介護度の低い人を対象にしているのではないこと、そして、施設種別に差がないことが実態として明らかになりました。

　ユニット型（小規模生活単位型）施設が誕生した当時は、グループホームの建設ラッシュでした。ユニット型施設は、建物も運営もグループホームに似ています。「一緒にご飯の支度をする」等の一緒に行為ができる人を対象にした「日常生活を共に行う…」理論を、ユニット型施設に当てはめていたのではないでしょうか。

　ユニット型施設の目指すことは、「暮らしの継続＝自分が最期まで自分らしく暮らせること」、つまり、ごはん茶碗を洗える自分が、洗えない自分になっても自分であるという存在と暮らし方を尊重することです。

　できる限り、生活行為を自分でしていただくことは自立支援からも必要なことですが、ユニット型施設では、自分の意見の尊重、つまり「自律支援」も大事な運営の柱として掲げています。

(3)「ユニットを10人前後の小さな単位にして、入居者間のトラブルはありませんか？」

 →大丈夫です。

　まだまだ根強い「皆同じく平等で仲良く」という福祉独特の運営理論を、研修ではよく耳にします。

　私たちは研修で、「平等という名のもとの不平等はない」という言葉を使います。例えば、外出する回数を、入居者全員同じにするということは平等でないとしています。外出が好きな人と出不精の人がいるなか、その人の意見や暮らしぶりを尊重しようということです。

　ユニットという小集団の暮らしの場に入居するということは、入居者同士は知り合いでもなく、全く知らない空間と人々のなかに身を置くことです。当然、ウマが合う人と

少し距離を置きたくなる人がいます。

「ユニットケアは仲良しこよしのケアではない、一人ひとりを尊重していくケア」とし、とにかく集団としての暮らしではなく、一人ひとりに焦点を当てた共同生活の場としています。結果として、"仲良し"という関係性が生まれるのはいいことですが、仲良しにするための支援ではないのです。

ユニット型施設では、他人同士の共同生活をうまくするためにいくつかの工夫がなされています。

まずは、建物です。自分一人になれる（エスケープできる）個室があること。そして、リビングも全員共通の一つの空間（全員同じ好みということはありません）とするよりも、いくつかの小空間を用意し、それぞれに居心地のよい空間を用意します。

また、食事のときも一つの大きなテーブルに皆が一同に座るのではなく、小さなテーブルを3～4卓、分散配置し、それぞれに居心地のよい食事空間を用意します。使いやすい家庭規模のキッチンや一人で入浴できる浴槽もあるので、程よい距離間の空間になっています。

運営面では、一人ひとりの暮らしぶりや意向・好みを知るアセスメントを24Hシートを使用して行な、それに基づき支援します。全員同じ量・時間の食事ではなく、その人に合わせた食事の支援になり、当然、個人での持ち込みの食品も可能です。

「そんなに好きにばらばらにしていたら、他の人の持ち込みの食品を別の入居者がほしがらないか？」という疑問もよく聞かれますが、それを個別に対応するのが介護職の専門性といえます。どうしてそのような行動が起きるのか？　どの時間か？…など、きちんとアセスメントして対応していきます。

このような個別対応ができるのは、少人数ケア体制（10人前後の小さな単位）で、入居者一人ひとりに対応できるからです。

今までの施設運営では、ケア（支援）論は、さかんに論じられてきましたが、施設全体を運営するために「何人の入居者を何人の職員で支援すれば個別ケアができるか？」が論じられていたかといえば、それはあまり耳にしなかった内容です。せっかくの素晴らしいケア論があっても実践する体制が整わないと、それは絵に描いた餅になります。

単位には、"入居者が暮らしやすい単位"と"職員が支援しやすい単位"、そして"施設として運営しやすい単位"が存在します。ユニット型施設では、その単位を"10人前後の入居者の単位（生活単位）"と"ケアを担当する職員（介護単位）"とし、それを運営単位としています。

現在の職員不足やAI活用のなかでは、その単位の見直しもあり得ますが、その数は微調整の範囲と私は考えます。というのも、人間として"できる・受け入れる"範囲は限

られているからです。

　さて、少人数ケア体制のメリットは？　と論ずる前に思い出してほしいことがあります。「グループホームも6〜9人の少人数ケア体制」ということです。

　つまり、認知症ケアに適した支援体制であることは間違いなく、施設入居者の多くも認知症であること、そのことだけ取り上げても、この体制をとることの意義が理解できます。なじみの関係・些細な変化に気づく・安心が得られるなどの効果があります。その結果、職員も入居者とのかかわりを細かにもてるようになり、専門性も増すことになります。

　個別ケアを目指すときは、職員1人当たり、何人の入居者であれば守備範囲として支援ができるか、その運営体制を組むことは施設運営では欠かすことのできない要素です。

(4)「ユニットケアは、認知症の人も対象ですか？」

 →その通りです。

　ユニット型施設の目指すことは、「暮らしの継続」であるため、建物も支援方法も、今までの暮らしの延長ということで設計されています。

　建物の工夫（理論）では、1軒の家のユニットとその他として街の部分があります。ユニット（1軒の家）では、玄関やキッチン・浴室はどの家庭にあるものと変わりありませんし、居室（自分の部屋）は、自分の好きなものを持ち込んで設えるので、自分がくつろげるほかにも、家族の宿泊も自由です。

　街の部分があることは、グループホームにはない部分です。この工夫は、重度になり街に出かけられなくなっても、施設内で同様の場を用意し、最期まで地域での暮らしを継続していただく狙いです。

　ちょっと井戸端会議をする場所や公民館のように趣味の同じ人たちが集まるお稽古の場や集会の場、そして、喫茶店やお店（売店）、理美容室等があります。これらの場所は、本物の設えにしますので、今までの暮らしと変わらず、家族や地域の方々も利用でき、まさに街となります。

　また、施設は入居者の住まいなので、絵などの飾り物やいす・テーブルの高さは、高齢者仕様（通常の製品より低い）にするため、優しい住まい環境になっています。このような環境は、認知症の方に多くみられる見当識障害や場を住み替えることにより起こるリロケーションショックに対応しています。

　支援面では、入居者一人ひとりの生活リズムや意向好みを把握するアセスメントを行い、固定配置のなじみの関係を作り安心して暮らしていただく体制をつくっていること

図2　24Hシート

（図表省略）

です。

　アセスメントは、支援の理念を「暮らしの継続」にしていることより、ケアの視点を「1日の暮らし」にし、0時から24時まで「生活リズム」「意向・好み」「自分でできること」のアセスメントを行い、それぞれについて「サポートの必要なこと」でチームとして共通のケアプランを見える化する「24Hシート」を活用しています。

　24Hシートの特徴は、認知症・がん・脳梗塞等、さまざまな疾患を抱えている入居者に対して、その課題に焦点を合わせるのではなく、1日の暮らし（生活リズム）に合わせていることです。そして、毎日、暮らすなかで、その疾患がどのように影響しているかという視点です（図2）。

　高齢化や重度化が進むと1日の生活リズムのなかでも、時間によりできることとできないこと、好み等が異なります。暮らしの基本となる1日の生活リズムに焦点を当てたことで、認知症の方の不穏行動等の支援が、生体リズムを含めたアセスメントを用いることで支援しやすくなり、それをチームで共有し、統一した支援に結びつきます。

（5）「ユニットケアは一時的な流行でしょ！」

 →2002（平成14）年より制度化され、今に至っています。

　介護現場で、「理論と具体的支援が結びつかない」「あの先輩とこの先輩で言うことが違う」という言葉を多く聞くのは、何をもって理論とするか、根拠とするか、あやふやなかでの運営だったからでしょう。

　「特別養護老人ホームにおける個別ケアのガイドライン」に、特別養護老人ホームの役割や向かうべきケアの方針・個別ケアについての定義や具体的方法について方針が示されましたので、紹介します。

151

「特別養護老人ホームは、要介護者が日常生活を送る施設であり、明るく家庭的な雰囲気をし、地域や家族との結びつきを重視した運営を行うことが求められています。ユニット型個室や多床室といった居室の種別に関わらず、利用者一人ひとりに寄り添ったケアをすることが重要であると考えられます。…そのためには、どのように個別ケアを実践していくか、個別ケアのあり方と手法を検討し、これを施設で実践できるように全国の施設に提示する必要があります。…施設で「自分らしい」生活を継続していくには様々なケアやサポートが必要です。こういったケアやサポートを行っていくには、利用者一人ひとりの生活リズムや好みを把握し、それらの情報をアセスメントしながらケアの方針や計画を立てていくことになります。このような利用者の具体的な情報に基づいた方針や計画に沿ったケアが、個別ケアであると考えられます。…個別ケアの実践にあたっては、職員配置等の施設の体制整備と、利用者が居心地よく暮らすための環境づくりが基礎となります。…」

このことは、「ユニット型施設運営の4つのポイント＝理念を掲げ、体制づくり（フォーム）・環境づくり（ハード）・暮らしづくり（ソフト）・チームケアづくり（システム）の整備（図3）と共通しており、ユニット型施設でのユニットケアの展開は、施設種別にかかわらず、いろいろな施設で個別ケアを展開するのに応用できるといえます。

このような個別ケアを実践するために、個別ケアの定義や手法が「特別養護老人ホームにおける個別ケアのガイドライン」で細かく示されました今、ユニットケアは一時の流行ではなく、今後もこのガイドラインをもとに発展をしていくことになるでしょう。

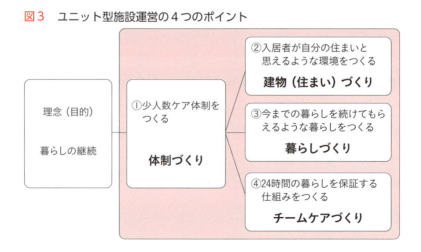

図3　ユニット型施設運営の4つのポイント

あとがき

2 一般社団法人　日本ユニットケア推進センターの活動とは？

当センターの理念は「高齢者が住み慣れた地域や家で暮らし続けることを支援するとともに、施設に入居しても一人ひとりが住みやすく、生活しやすく、安心して、それまでの自律的な暮らしが継続できる施設づくりを目指します。」です。

活動の3原則として、以下のものが挙げられています。

①ユニットケア研修事業の目的を達成するための活動
②一般市民を対象としたユニットケアの浸透を目指した活動
③行政・他関連団体と相互連携した活動

ユニットケア研修（管理者研修・ユニットリーダー研修・のちに指導者養成研修）は、2003（平成15）年に、厚生労働省の事業（のちに都道府県）として、社会福祉法人「浴風会」に事業委託され、認知症介護研究研修東京センターで始まりました。

当時の厚生労働省は、この制度化をどのような方針で臨んでいたか、厚生労働省の講義のレジメを抜粋し、紹介します。

「ユニットケアは、介護施設の文化を変える可能性がある」
「ユニットケアは、軌道になるまで時間がかかる」
「ユニット型施設は、従来型施設よりも難しい」

・個別ケアという目標の高さ
・ユニット単位の運営
・ハードの使いこなし

そのうえで、管理者には、

「管理者の思いを職員に伝えてほしい」
「人材育成をする」
「職員が働きやすい環境を整える」
「職員の思いを聞く」
「施設の経営をする」

としていました。

その事業を2010（平成22）年10月25日に「一般社団法人　日本ユニットケア推進センター」として事業所を発足させ、2011（平成23）年度事業より、浴風会からの事業を継続しています。

センターの発足には、各ブロックのリーダー研修実地研修施設の代表（先進的にユニットケアを実践している施設）に集まっていただき、どんなセンターにするかの議論を何度も行い、進めていきました。

153

この事業は、都道府県からの委託事業ですので、行政関係種との連携はもとより、実習を受けていただき、共にユニットケアを推進していく仲間として、ユニットリーダー研修の実地研修施設とも密接に連携しています。

　この研修がスタートした2003（平成15）年当時は、2か所のユニットリーダー研修の実地研修施設を借りての研修でした。しかし、今では実地研修施設は、69施設にも上ります。それでも、実地研修施設がない県は14県あります。

　実地研修施設の存在は、「座学で理論や具体的方法を学んでもそれは理想論と思いがちな受講生に本当にできるという実感を持たせること」と「施設の組織力、特に施設長の旗振りの存在」を実践の中で学ぶことでユニットケアに希望を見出す良い機会となっています。実習先のある都道府県とそうでないところでは、研修をしていても受講生の実力に差が認められますので、実地研修施設の存在はとても大きいのです。

　暮らしは、時代とともに変化をしていき、施設運営・個別ケアで求められることも変化をしていきます。

　今、団塊の世代が一斉に高齢期を迎え、高齢化率が急上昇する一方で、日本の人口は減少の一途をたどっているという、もう一つの局面もみえています。また、運営面でも、介護職員の人材不足という大きな課題をかかえています。

　ユニットケアは、それぞれの「暮らしの継続」を実践していく手法ですので、これでいいというものはなく、常に追い求めていくものです。

　当センターとしては、そのために何をどうしたらいいか、現場目線を失うことなく、AIや福祉用具等の活用等、最先端の技術をとりこむ必要があると考えいます。そして誰もがアセスメントの視点をもち、実践できる介護のプロを目指す、介護現場が活性化することに邁進していこうと思います。

　　　　2019年8月

　　　　　　　　　一般社団法人　日本ユニットケア推進センター

　　　　　　　　　　センター長・専務理事　秋葉　都子

コメンテーター一覧

第1章	斉藤　弥生	（大阪大学大学院人間科学研究科教授）
第2章	小野　幸子	（新潟看護大学看護学部教授）
第3章	斉藤　弥生	（大阪大学大学院人間科学研究科教授）
第4章	大橋　謙策	（公益財団法人テクノエイド協会理事長）
第5章	小野　幸子	（新潟看護大学看護学部教授）
第6章	大橋　謙策	（公益財団法人テクノエイド協会理事長）
第7章	石井　敏	（東北工業大学工学部建築学科教授）
第8章	井上　由起子	（日本社会事業大学専門職大学院教授）
第9章	野口　典子	（中京大学現代社会学部教授）
第10章	野口　典子	（中京大学現代社会学部教授）
第11章	野口　典子	（中京大学現代社会学部教授）
第12章	石井　敏	（東北工業大学工学部建築学科教授）

● 編著者略歴

大橋　謙策（おおはし・けんさく）
公益財団法人テクノエイド協会理事長／東北福祉大学大学院教授
／日本社会事業大学名誉教授／一般社団法人日本ユニットケア推
進センター副会長／一般社団法人日本介護福祉経営人材教育協会
理事
福祉教育論をはじめ、住民主体の地域福祉実践を通じた地域福祉
計画の策定アドバイザー、コミュニティソーシャルワークの提唱
など教育から福祉にわたる幅広い研究、実践活動を行っている。
著書に『地域福祉の展開と福祉教育』（単著、全国社会福祉協議
会出版部）、『地域福祉』（単著、放送大学教育振興会）、『社会福
祉入門』（単著、放送大学教育振興会）、『地域包括ケアの実践と
展望』（共編著、中央法規出版）　等

秋葉　都子（あきば・みやこ）
一般社団法人日本ユニットケア推進センターセンター長・専務理
事
入居しても安心して暮らし続けることのできる「施設」づくりを
目指し、施設が暮らしの継続の場になるための施設運営フォロー
アップ事業等を展開。 著書に『24H（じかん）シートの作り方・使
い方―高齢者ケアを変えるユニットケアのアセスメントツール』
（単著、中央法規出版）　等

● 監修

一般社団法人日本ユニットケア推進センター

ユニットケアの推進等により、施設における入居者本位の施設運
営手法を確立するとともに、専門的な介護の知識・技術を備えた
人材を確保・育成することを目的とし、高齢者介護施設の自主的
な相互協力のもと、研究・研修活動等を行っている。

ユニットケアの哲学と実践

2019年 9 月20日　第 1 版第 1 刷発行

編　著　大橋謙策
　　　　秋葉都子
発行者　林　　諄
発行所　株式会社 日本医療企画 ©
　　　　〒101－0033　東京都千代田区神田岩本町4－14
　　　　　　　　　　　神田平成ビル
　　　　TEL：03（3256）2861（代）　FAX：03（3256）2865
印刷所　大日本印刷株式会社

ISBN978-4-86439-831-2　C3036
定価はカバーに表示してあります